改訂新版

# 観光学

基本と実践

溝尾良隆 著

古今書院

# はじめに
## －2003年以降の日本観光の変化－

　初版の2003年7月から、今回の改訂新版までに11年が経っている。その間に、日本の観光は大きく変化した。なんといっても、2011年3月の東日本大震災が東北地方のみならず日本各地に大きな衝撃を与えた。どの学問分野でもどの産業分野でも、それぞれがいかにして被害地の復興に寄与できるかという難題を突き付けられた。

　観光分野でのあたらしい動きとして、阪神淡路大震災が日本にボランティア活動が必要かつ重要なことを教えたとすれば、東日本大震災からボランティア・ツーリズムというのが始まった。この点に関しては、6章で詳しく述べている。

　つぎに、政府が本格的に観光に取組んでいること。本書の初版の2003年、当時の小泉首相が観光立国を宣言した。以降、政府は観光立国を具体的に推進するために、観光立国推進基本法を策定し、実行部隊として日本初の観光庁を設置した。基本法制定の背景には、当時の訪日旅行者500万人を2010年に倍増の1千万人にすることで、外国人の日本での消費が拡大し外貨をふやすことになり、その結果、不況の日本経済を立ち直らせるところにあった。

　第三に、政府の観光重視政策に呼応して、大学に観光関係学科に多数設置されたことである。観光関連学科は現在40校は超えているだろうといわれる。さまざまな専門分野からのディシプリンにより、観光学研究に切り込む学者がふえてきて、観光研究は多彩になり、出版物も増えている。学生も毎年多数輩出していくので、観光業界はとうぜんのこと、他業界でも観光学卒業生が活躍している。

最後に、現在、日本が直面している最大の問題は、2005年の国勢調査以降、日本人の総人口が減少し始めていることである（日本の総人口は、外国人の流入により、まだ多少増えている）。人口が減るじたいさほど問題ではないが、少子高齢化による年齢別の人口構成と大都市と地方という地域的なアンバランスが、緊急の課題になっている。65歳以上が21％を超えると超高齢化社会と呼ばれるが、日本は2007年以降超高齢化社会となり、2012年にはその比率は24.1％に達している。このまま推移すれば、限界集落からさらに消滅する市町村も現れるというセンセーショナルな話題がニュースになっている。現安倍内閣は、最重要課題の一つに地方創生をあげた。

　今後いかにして子どもをふやすことができるか、元気な高齢者が活躍するような地域社会をいかにつくるかである。観光学の視点から山村の魅力を向上させ、都市から山村への来訪をうながし、山村で都市住民が消費をする。来訪山村が気に入れば、まずは2地域居住、そして最後は山村での生活、というような絵がどのようにしたら実現するか、わたくしたち観光学者の取組み課題だろう。

　本書の副題の「基本と実践」は、基本を知らずに実践をするなである。すべてのスポーツが基本に始まる。柔道を習い始めたら、すぐに人を投げたい気分になるが、まずは投げられたときの受身に始まる。野球は、キャッチボールとトスバッティングから始まる。同じように、観光による地域振興に意見をもっていても、基本を理解した上での発言・提案であるかどうか。ひとは思い付きで、特に観光に関しては、だれでも意見が言える。しかし、それは現状をしっかりと理解した上での発言であるかどうか。好きな論語の言葉は「学びて思わざれば即ち昏し、思うて学ばざれば即ちあやうし」である。学ぶが基本で、思ったことを実践するのである。しかし、思ってもそれが正しいかどうか書物や事例、現地を見たりして、他人に訊ねたりして学ぶのである。それで正しいと思ったら行動し、いま話題のPDCAのサイクルを繰り返すのである。本書ではそのような考えを貫いたつもりである。

　本書の再版にあたっては、10年間の変化を加え、観光資源の種類と温泉地の区分に対しあらたな考え方を提示した。3章の観光の現状分析、最終章の第

6章は大幅に修正してある。

　再版にあたり、古今書院の関田伸雄さん、橋本寿資社長に厚くお礼を申し上げます。これまで初版をご使用いただいた皆さんにも厚くお礼申し上げます。再版の書もよろしくお願い申し上げます。

2015年1月

溝尾　良隆

# 目次

はじめに … i

## 第1章 「観光」の基本を理解し、マーケティング力を高める … 1

1.1 「観光」の定義の明確化 … 1
 1.1.1 「ツーリズム」は「観光」か … 1
  1.1.1.1 外国研究者によるツーリズムの定義 … 2
  1.1.1.2 日本における「観光」の定義と使用 … 4
  1.1.1.3 日本における「観光」用語の使用 … 6
 1.1.2 「観光」と旅行・旅行者の関係 … 9
  1.1.2.1 旅行者の観光・旅行に対する意識 … 9
  1.1.2.2 調査上からみた観光と旅行の定義 … 10
 1.1.3 観光産業との関係 … 12
 1.1.4 結論 … 12
1.2 観光地の三区分 … 13
 1.2.1 観光地とレクリエーション地との相違 … 13
  1.2.1.1 活動との対応 … 14
  1.2.1.2 資源の顕在性と潜在性 … 14
  1.2.1.3 資源の代替性 … 14
  1.2.1.4 滞在時間と経済効果 … 15
  1.2.1.5 土地利用計画において … 15
  1.2.1.6 交通計画の立場から … 15
  1.2.1.7 誘致力と市場との関係 … 15

|  |  |  |
|---|---|---|
| | 1.2.2 宿泊地 | 16 |
| 1.3 | 観光資源、観光対象、観光施設の定義 | 17 |
| | 1.3.1 観光事業と観光対象、観光施設 | 17 |
| | 1.3.2 広義の観光資源 | 17 |
| | 1.3.3 観光資源の種類と評価、見方 | 19 |

　　　　提言　観光対象となる資源の発掘—群馬県の上毛かるたから—　　22

## 第2章　観光産業の特性を生かし、地域の経済・社会効果を大きくする　25

| | | |
|---|---|---|
| 2.1 | 観光産業の特性と地域経済効果 | 25 |
| 2.2 | 観光の社会効果 | 28 |
| 2.3 | 観光効果を最大にする方策 | 29 |
| 2.4 | 一次・二次産業の観光産業化 | 30 |

　　　　事例　農業と観光の連携、「水仙の里づくり」長崎県野母崎町　　32

## 第3章　国内観光の課題を把握し、観光の動向を読む　34

| | | |
|---|---|---|
| 3.1 | 空洞化問題—国内観光の構造変化 | 34 |
| | 3.1.1 海外旅行との競合 | 34 |
| | 3.1.2 成熟期の国内観光 | 35 |
| | 3.1.3 国内観光地間の競争の激化 | 37 |
| | 　　3.1.3.1 観光地数の増大 | 37 |
| | 　　3.1.3.2 高速交通体系の整備 | 37 |
| 3.2 | 低価格指向の構造 | 38 |
| 3.3 | 今後の旅行動向 | 39 |
| | 3.3.1 現在の増加傾向が今後もつづく | 39 |
| | 　　3.3.1.1 高齢者、女性のグループ旅行 | 39 |
| | 　　3.3.1.2 温泉への指向 | 39 |

|  |  |
|---|---|
| コラム　商品造成と購入者特性分布 | *40* |
| 　　　3.3.1.3　都市観光地の隆盛 | *41* |
| 　3.3.2　現状から脱却する | *41* |
| 　　　3.3.2.1　スキー場地域 | *41* |
| 　　　3.3.2.2　海水浴場地域 | *42* |
| 　　　3.3.2.3　クルーズ産業 | *43* |
| 　　　3.3.2.4　テーマパーク産業 | *43* |
| 　　　3.3.2.5　旅館産業 | *44* |
| 　3.3.3　本腰を入れ、発展させる | *45* |
| 　　　3.3.3.1　グリーンツーリズム | *46* |
| 　　　3.3.3.2　エコツーリズムとエコミュージアム | *46* |
| 　　　3.3.3.3　産業観光と産業遺産観光 | *47* |
| 　　　3.3.3.4　コンベンション産業 | *47* |
| 　　　3.3.3.5　リゾート | *49* |

## 第4章　四タイプ観光地の課題の解決を図る　*50*

|  |  |
|---|---|
| 4.1　リゾートへの再出発 | *50* |
| 　4.1.1　リゾート事業における問題点 | *50* |
| 　4.1.2　リゾート整備への再出発 | *52* |
| 　4.1.3　イギリスの海浜リゾートの盛衰 | *55* |
| 　　　4.1.3.1　外国リゾートとの競合 | *55* |
| 　　　4.1.3.2　ブラックプールの盛況 | *56* |
| 4.2　日本のグリーンツーリズムの課題と展望 | *60* |
| 　4.2.1　グリーンツーリズム、登場の背景 | *60* |
| 　4.2.2　日本のグリーンツーリズム事業の課題 | *61* |
| 　4.2.3　ヨーロッパ：田園を愛する国民性とグリーンツーリズム | *61* |
| 　　　4.2.3.1　英国・コッツウォルズ地域 | *61* |

|  |  |
|---|---:|
| 　　　4.2.3.2　ウィーンの森地域 | 64 |
| 　　　4.2.3.3　ドイツ・シュバルツバルト地域、ゼーバッハ村 | 67 |
| 　　　4.2.3.4　オーストリア・チロル地方、アルプバッハ村 | 69 |
| 　　　4.2.3.5　ドイツ・オーストリアのグリーンツーリズム政策 | 69 |
| 　4.2.4　今後の日本の取組み課題 | 70 |
| 　　　4.2.4.1　既存の施設・事業で対応する | 70 |
| 　　　4.2.4.2　自治体の姿勢を改める | 70 |
| 　　　4.2.4.3　農村を好むのか | 71 |
| 　　　4.2.4.4　美しい農村をつくる | 71 |
| 　　　4.2.4.5　市場との時間距離を考慮する | 72 |
| 4.3　隆盛の都市観光地 | 73 |
| 　4.3.1　都市観光地への取組み | 73 |
| 　4.3.2　都市の再生 | 74 |
| 　4.3.3　マンチェスターにおける集客都市の創造と都市の再生 | 75 |
| 　　　4.3.3.1　マンチェスターの盛衰 | 75 |
| 　　　4.3.3.2　都市再生の基盤整備と地域別再生 | 77 |
| 　　　　　4.3.3.2.1　交通基盤の整備 | 78 |
| 　　　　　4.3.3.2.2　都市開発 | 79 |
| 　　　　　4.3.3.2.3　集客施設―文化・芸術・スポーツ | 82 |
| 　　　4.3.3.3　都市再生のプロジェクトと推進母体 | 83 |
| 　4.3.4　大都市近郊都市の課題と魅力ある都市の創造<br>　　　　―埼玉県日高市を事例に― | 84 |
| 　　　4.3.4.1　大都市近郊都市の特性と日高市 | 84 |
| 　　　4.3.4.2　自然と文化との融合する地域 | 86 |
| 　　　　　4.3.4.2.1　農地、山林の維持管理 | 86 |
| 　　　　　4.3.4.2.2　自然の利用と開発制御 | 87 |
| 　　　　　4.3.4.2.3　河川の浄化 | 88 |
| 　　　　　4.3.4.2.4　車の排気ガス対策 | 89 |
| 　　　　　4.3.4.2.5　文化の発掘 | 90 |
| 　　　4.3.4.3　楽しく快適なまちの創造 | 90 |

　　　　4.3.4.3.1　生活、職場、余暇の三場面が充実　　　　　　　　90
　　　　4.3.4.3.2　スプロール対策　　　　　　　　　　　　　　　91
　　　　4.3.4.3.3　生活の利便性―商業問題　　　　　　　　　　　91
　　　　4.3.4.3.4　団地、住宅地の再生　　　　　　　　　　　　　92
4.4　温泉地の活性化方策　　　　　　　　　　　　　　　　　　　　92
　4.4.1　温泉好きな日本人　　　　　　　　　　　　　　　　　　　92
　4.4.2　温泉地低迷の背景　　　　　　　　　　　　　　　　　　　93
　4.4.3　温泉地の今後の方向　　　　　　　　　　　　　　　　　　95

　　コラム　道後温泉と伊佐庭翁　　　　　　　　　　　　　　　　100

# 第5章　長期休暇時代における観光地の望ましい整備方向　　　103

5.1　長期休暇制度の導入促進と旅行の質的変化　　　　　　　　　　103
　5.1.1　急務の長期休暇の導入　　　　　　　　　　　　　　　　　103
　5.1.2　旅行の質的変化　　　　　　　　　　　　　　　　　　　　104
5.2　観光地の取組み課題　　　　　　　　　　　　　　　　　　　　105
　5.2.1　旅行者の嗜好変化への対応　　　　　　　　　　　　　　　105
　5.2.2　観光地の整備方向　　　　　　　　　　　　　　　　　　　106
　　　5.2.2.1　豊かで変化のある自然に調和する、美しい集落を　　107
　　　5.2.2.2　優れた観光資源を保護、保全する　　　　　　　　　107
　　　5.2.2.3　車を入れずに、歩行者で賑わう中心地に　　　　　　108
　　　5.2.2.4　観光対象の見せ方を工夫　　　　　　　　　　　　　109
　　　5.2.2.5　見せ方の外国の三好例　　　　　　　　　　　　　　110
5.3　国内観光地と外国観光地との比較　　　　　　　　　　　　　　112
　5.3.1　ヨセミテと上高地　　　　　　　　　　　　　　　　　　　113
　5.3.2　ツェルマットと千寿ヶ原　　　　　　　　　　　　　　　　114
　5.3.3　アスペン、ムジェーブと日本のスキー場　　　　　　　　　114
　5.3.4　サンアントニオと東京　　　　　　　　　　　　　　　　　115
　5.3.5　ヨーロッパアルプスと富士山　　　　　　　　　　　　　　117

5.4 低廉な国内商品づくり―スコットランド・パッケージツアー体験記―　118
　5.4.1 新しいシステムによる低廉商品　118
　5.4.2 バス・パッケージの特徴　120
　5.4.3 なぜ安いか　120
　5.4.4 ユニークな離合離散　122
　5.4.5 参加者の構成　122
5.5 インバウンド観光の促進　123
　5.5.1 日本の真の姿を伝える　123
　　5.5.1.1 国際相互理解の増進　123
　　5.5.1.2 アジアとの活発な交流を　124
　　5.5.1.3 日本の門戸を開放する　124
　5.5.2 日本は遠くて、物価が高いか　125
　　5.5.2.1 多様な宿泊施設、料理の選択が可能　125
　　5.5.2.2 海外での宣伝力の弱さ　126
　　5.5.2.3 日本へのアクセスの悪さ　126
　　5.5.2.4 査証による障壁　127
　5.5.3 市場別情報提供とセールス　127
　　5.5.3.1 市場・嗜好に対応した日本情報の提供　127
　　5.5.3.2 過密、混沌、怪物の日本　127
　　5.5.3.3 東京シティセールスの展開　128
　5.5.4 受け入れ体制の充実　130
　　5.5.4.1 国際コンベンションへの積極的な取組みを　130
　　5.5.4.2 こころよく迎え入れる　130
　　5.5.4.3 経済の盛衰に左右されない国際観光政策を　131
5.6 広域連携―観光地間ネットワークの必要性　132
　5.6.1 観光ルートと観光コースの相違　132
　5.6.2 観光ルートの策定と顕在化　132
　　5.6.2.1 ルート上の整備状況の把握　132
　　5.6.2.2 観光ルートに名称をつける　133
　　5.6.2.3 定期観光バスの運行　133

|  |  |
|---|---|
| 　　　5.6.2.4　観光ルート上のインフォメーション | *133* |
| 　5.6.3　観光コース策定上の留意 | *134* |
| 　　5.6.3.1　市場別に異なる観光コースを策定する | *134* |
| 　　　5.6.3.1.1　熊本県阿蘇山の例 | *134* |
| 　　　5.6.3.1.2　遠距離からの旅行者は有名観光地指向 | *135* |
| 　　5.6.3.2　旅行業者との連携方法 | *135* |
| 　5.6.4　広域連携の考え方 | *135* |

# 第6章　観光政策と観光研究を、高め、強化する　　　*137*

6.1　観光政策の変遷　　　*137*
　6.1.1　世界の観光政策―サステイナブル・ツーリズムと
　　　　　プロプアー・ツーリズム　　　*137*
　6.1.2　日本の観光政策　　　*138*
6.2　観光行政の取組み課題　　　*140*
6.3　観光による地域振興　　　*145*
　6.3.1　産業振興の一翼をになう　　　*145*
　6.3.2　山村地域を守り育てる　　　*145*
　6.3.3　都市の再生・発展に寄与する　　　*145*
6.4　人的交流を盛んにする　　　*146*
　6.4.1　被災地への地域貢献
　　　　　―ボランティア・ツーリズムとダークツーリズム　　　*146*

　　　コラム　ボランティア・ツーリズム、日本での誕生　　　*148*

　6.4.2　アジアの人々との交流を盛んにする　　　*150*
6.5　観光への意識改革　　　*151*
　6.5.1　中央省庁・国会議員の観光への理解　　　*151*
　6.5.2　自治体職員は専門家集団に　　　*152*
　6.5.3　観光学体系の確立を　　　*153*

索引     *155*

# 第1章
# 「観光」の基本を理解し、マーケティング力を高める

　これまで観光研究の諸論文で「観光」について定義されているが、観光とレクリエーション、観光資源と観光対象と観光施設との関係、観光地とは、観光地とリゾートとの相違、これらについて必ずしも明確にされていない。観光地をどのような方向に定めるかの指針を検討する際に、この点をあいまいなままにして観光の基本を踏みはずすと、適切な観光マーケティングを誤ることになり、観光事業の展開に支障を来たす。ここではこれまでの研究から「観光」の定義を整理して、それぞれの定義の問題点を明らかにしたうえで、筆者の「観光」の定義を提示する。その後に、観光資源、観光対象、観光施設、それぞれの関連を明確にする。

## 1.1　「観光」の定義の明確化

### 1.1.1　「ツーリズム」は「観光」か

　日本においては、観光とツーリズム、観光とレクリエーションといったように、中国の易経を語源とする「観光」と英語であるツーリズム（tourism）、レクリエーション（recreation）といった二言語が存在するところにまず問題がある。これまでツーリズムを観光と訳すのがふつうであったが、最近では、両者を区別する傾向が出てきている。同一言語の英語でもツーリズムとレクリエーションとの関係を外国ではどのように区別しているのだろうか、まずこの点を考察する。

#### 1.1.1.1　外国研究者によるツーリズムの定義

　1811 年に英国の『Sporting Magazine』に、初めてツーリズムという語が載ったとされている（Smith, 1989）。そのときツーリズムは「各地を旅行して回る」という意味で紹介された。ツーリズムは、tour + ism の合成語である。Tour は陶土を載せ、形を造るために盤を回す「ろくろ」を語源とし、「各地を旅行して回る」という意味になる。後述するが、ism が加えられている点にここでは留意しておこう。

　ドイツではボールマンが 1930 年に、「およそ定住地から一時的に離れる旅行はすべて観光と称しうる」と定義して、観光のなかに、保養、遊覧、商用、職業等の目的を含めている。ここで訳者である国際観光局はドイツ語の fremdenverkehr を、「本来、外来者交通の意味であるが、観光往来、観光事業に当たる場合があるので、本書では観光の訳語を用いた」と断っている（ボールマン、1940）。したがって、ここでの観光は、仕事を含めた旅行の意味の往来のほかに事業の意味も含まれている。同じドイツで、グリュックスマンが 1935 年に、観光を、「滞在地に一時的に滞在している人と、その土地の人々との間の諸関係の総体と定義する」とした。この定義の諸関係の総体という中に、観光事業の意味が含まれている。ここの観光も、ボールマンの著作を訳したのと同じ国際観光局による fremdenverkehr の訳である（グリュックスマン、1981）。

　戦後においては、メドサンが、「人々が気晴らしをし、休息をし、また、人間活動の新しい諸局面や未知の自然の風景に接することによって、その経験と教養を深めるために旅行をしたり、定住地を離れて、滞在したりすることから成り立つ余暇活動の一つ」と、観光を定義した（塩田、1974）。

　Gunn (1988) は、広義には「通勤・通学以外のすべての旅行がツーリズムである」として、ツーリズムには、①自宅・職場と関係のない地域への一時的な移動、②その目的地での活動、③目的地において旅行者の欲求を満たす施設・事業体、以上三つの意味があるという。この三つの意味は、『The Dictionary of Tourism Second Edition』（Metelka, 1986）のツーリズムの定義と同じである。

次にツーリズムとレクリエーションの関係をみる。Gunn（1988）は、「ツーリズムとレクリエーションを区別しても、結局は同じ現象であり、同一のものである。レクリエーショニストとツーリストは、同一の場所で見いだされる。ツーリストはツーリズムの行為者である。レクリエーションは"プレジャー"と"エンジョイメント"、そして人々の生活をより豊かにする活動である。しかし多くの国において、レクリエーションの言葉は存在しない」と述べている。あえて両者を峻別するならば、「ツーリズムには、商業主義の色彩があり、民間が関与し、レクリエーションは公共が関与する事業である」とする。1969年の観光政策審議会（以下、観政審と略称）を筆者が傍聴していたときに、千家啓麿が、「ハワイが観光地で、ヨセミテ国立公園がレクリエーション地である」と述べたことを記憶している。千家も同じく商業主義の有無で、観光地かレクリエーション地であるかを判別していた。

Rothman（1998）は、アメリカの観光史を述べていくなかで、1920年代に自動車の登場により、自由な、個人的に行動する新しい旅行形態を「recreational tourism」と説明し、活動は、野外あるいは野外スポーツに特色があり、経験が重視されるという。この説では、tourismは旅行であり、recreationは日本語のレクリエーションに近い。

Colton（1987）は、レジャーとレクリエーション、ツーリズムの関連を述べているなかで、「（ケリィによる定義を）ツーリズムは、自宅を離れて移動するレクリエーションである」と紹介する。しかし「個々人はレジャーとレクリエーション、ツーリズムの区別は、ほとんど意識していない」と述べている。

以上のように、ツーリズムとレクリエーションとを区別するのはむずかしいのは理解できたが、あえて分けるなら、次のような意見もある。

Mathieson・Wall（1982）は、「Brittonのツーリズムの定義が、レクリエーションの先端形態で、比較的長期間、遠距離に旅行しているのがツーリズムであり、現象としては両者は同一である」という定義を紹介している。さらに「Cohenのツーリストの定義は、珍しいもの、気分転換・変化を求めるプレジャー目的で、比較的長く、周遊型の旅行をする人」と定義しているのが注目される。Tribe（2000）は、ツーリズムとレクリエーションを区別するのは明確ではないが、日帰りがレクリエーションで、宿泊するのがツーリズムと言い切

る。

　上記のプレジャーを、カナダにおける旅行者の定義からみると、カナダでは、トラベル・ツーリズムのなかが、ビジネス、友人・親戚訪問、他の個人的ビジネス、プレジャーとに分類され、プレジャーのなかに、レクリエーションとサイトシーイング、食事がある。ここで、レクリエーションとサイトシーイングとを区別したのは、サイトシーイングが狭義の観光の「見て回る、tour」と同意味に使用しているのである。「トラベル・ツーリズム」と、トラベルとツーリズムと判別しないで、ツーリズムを旅行全般を包含するところに位置づけている。

　以上から、外国ではツーリズムがビジネス目的までを含む旅行全般と、レクリエーションの一形態という二つの意見が分かれている。しかし後述するツーリストの定義との関連をみると、ツーリズムは旅行全般の意味に多く使用されている。レクリエーションとツーリズムの関連やレクリエーションについては、多数の文献を探したが上記にとどまり、述べていても、両者を区別するのがむずかしいことがわかる。

### 1.1.1.2　日本における「観光」の定義と使用

　現在、日本において観光の定義が公にされているのは、1969年の観光政策審議会の答申である（内閣総理大臣官房審議室、1970）。そこにおいて、「レジャーを個人の自由時間あるいはその時間における余暇利用の行為と定義」して、「レジャーのなかにレクリエーションとそうでないものがあり、レクリエーションをレジャーのなかで、鑑賞、知識、体験、活動、休養、参加、精神の鼓舞等、生活の変化を求める人間の基本的欲求を充足するための行為」と定義する。そして観光を、「レクリエーションと同一の行為としつつ、観光はレクリエーションの一部であり、両者の相違は、日常生活圏を離れるかどうかにあるとして、日常生活圏を離れて行うレクリエーションを観光」と定義する[1]。図化したのが第1図である。

　日本の観光研究の古典となっている田中喜一（1950）の「観光事業論」と井上万壽蔵（1967）の「観光と観光事業」とにおいて、次のように観光を定義する。

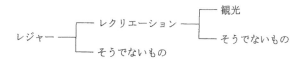

第1図　レジャー、レクリエーション、観光の関係

① 田中：自由の動機に基づき一次定住地を離れて旅行すること、滞在地に於て愉楽的、消費生活を享受すること。観光のなかには、見学、スポーツ、見本市・出張販売などの商業上の旅行が含まれる。
② 井上：日常生活圏を離れ、再び戻る予定で、レクリエーションを求めて移動すること。

両者の定義は、田中が後述する国連世界観光機関（United Nations World Tourism Organization, 略称 UNWTO）のツーリストの定義、井上の説が観政審の定義と同一である。

小谷達男（1990）は、「観光とは、人々がその自由裁量時間において気晴らし、保養、自己拡大などのために行う随意的な旅行の総体である」と、観政審と同じ立場をとる。

しかし、1974年に奇しくも三者から観政審の観光の定義とは異なる意見が出されている。末武直義（1974）は、観光と観光旅行に混同があると問題を投げかける。観光は目的地での行動にあり、日常生活圏を離れるかどうかは、旅行の定義に関わるとする。末武は、目的地において、その他の人々の生活、文化、自然等に接し、楽しみ、経験するという知識欲求的、休息的かつ娯楽的な消費生活を享受する余暇活動を観光と定義する。(公財)日本交通公社（1974）は、活動の相違から、観光とレクリエーションを並列になる概念としてとらえた。レクリエーションは、肉体・精神の回復に、観光は精神の発展にあるとして、観光は、偉大な自然や文化にみずから対じし、みずからを知り、何かを得る"厳しい"ものとみている。用語も、双方使用するときは、観光・レクリエーションとすべきであるとする。塩田正志（1974）は、観光は人が日常生活から離れて、再び戻ってくる予定で移動する行動であるが、営利を目的としないで、風物を楽しむことであるとする。

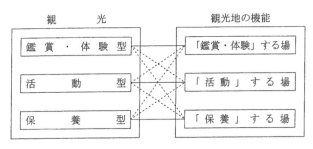

第2図　観光と観光地の機能との関係

　このような流れのなかで、1980年からの観政審で70年の観光の定義を再検討した。1982年に意見具申にまとめられ、そのなかで観光の行動態様は多様であるが、①鑑賞・体験型観光、②活動型観光、③保養型観光の三つに大別され、それぞれに対応する場があるが、その活動の場においてはこの行動態様も複雑に組み合わされたものになるとしている（第2図）。注目すべきは、ここでは観光という言葉を使用しつつも、鑑賞・体験型観光が観光、活動型観光がレクリエーション、保養型観光が宿泊にと、それぞれに対応して、従来の観光とレクリエーションとを分けたことである。

　以上、観光の定義をまとめると、次のように分かれる。一つは行動の内容が、自然の風景や文化に接するという狭い範囲に観光を限定するか、もう一つは日常生活圏を離れる移動を伴うという「旅行」の概念を強調し、自然の風景や文化に接する目的のほかに、休息やスポーツなどレクリエーション活動を加えて観光レクリエーションとするか、さらには家事帰省、商用などを包含して、それを外国のツーリズムの意味と同じにするのかである。

　これまでの内外のツーリズムと観光の定義を第1表にまとめておく。

### 1.1.1.3　日本における「観光」用語の使用

　観点を変えて、次に日本において観光という用語がいつからどのような意味で使用されたかという視点から、ツーリズム、レクリエーションとの関連をみることにする。

　『広辞苑』（新村出編、1955）初版において、観光は「①他国の文物・制度

第1表　定義者別ツーリズム・観光の定義

| 定義者 | 観光の位置づけ | | 観光の定義 | |
|---|---|---|---|---|
| | 旅行 | 旅行の一部 | 距離 | 内容 |
| ボールマン | ○ | | ○ | |
| グリュックスマン | ○ | | ○ | |
| メドサン | | | ○ | ○ |
| ガン | ○ | | ○ | |
| ケーリー | ○ | | ○ | |
| ブリトン | | ○ | ○ | |
| コーエン | | ○ | | ○ |
| 田中 | ○ | | ○ | |
| 井上 | ○ | | ○ | |
| 70年観政審 | ○ | | ○ | |
| 末武 | | ○ | | ○ |
| (公財) 日本交通公社 | | ○ | | ○ |
| 小谷 | ○ | | ○ | |

資料：溝尾良隆（1993）：「観光」の定義をめぐって、応用社会学研究35、41p. を一部修正。

を視察すること。②他国の風光などを遊覧すること。」と説明されている。観光の語源となった『易経』の「観国之光、利用賓于王」には、自国の文物・勢力を客に見せて、もてなすことも含まれている（高田・後藤、1993）。

　1855年にオランダから江戸幕府に献上された日本最初の洋式軍艦に「観光丸」と命名したのは、珍しさ、誇らしさの意味があったからであろう。しかし紀元前2～3世紀の易経の時代から江戸時代までに、日本で観光という言葉が流布されていたとは考えられない。だれが、なぜオランダから献上された初の洋式軍艦スームビング号に観光丸とつけたのであろうか。この点について未だ明らかにされていない[2]。

　その後は、下野佐野の藩校に「観光館」が、明治時代には国産品奨励目的の会社名称に「観光社」を、「観光社」から販売された観光縮緬、観光繻子などに、観光がみられるが、観光の用語は広く普及しなかった。

　観光を公に使用したのは、1893年に設立された喜賓会（Welcome Society）がその設立目的に「旅行の快楽、観光の便利に」を、1930年には鉄道省が外客誘致のために設置した「国際観光局」に、観光の名称を冠している。喜賓会の旅行と観光の区別はわからない。国際観光局の英文名称は、Board of

Tourist Industryであり、ツーリズムの言葉は用いないで、産業としての色彩を強めている。

国際観光局が設置されてから観光が使用されるようになったが、1937年頃から戦時色が濃くなると観光どころではなくなり、使用されなくなった。

明治時代から1930年頃まで観光に代わる用語は何であったのか。1873年の太政官布達第16号で公園の開設に向けて「人口が多く集まる地域にある名勝地又は有名人の旧跡等で古来から人々が遊覧の場所で…」と述べ、名勝地、遊覧という言葉が使用されている。明治時代に、観梅、観楓のために仕立てた列車は、回遊列車とよばれていた。1927年に9千万票を超えた「日本新八景」の選定にも、日本八景、日本二十五勝、日本百景を選定したが、観光地という言葉は見当たらない。景勝地、勝地という言葉がよく出てくる（上原、1943）。終戦のまもないころでも、遊山旅行は慎むようにという指令が出されている（岩崎・加藤、1971）。

以上のように観光という言葉はあまり登場せず、旅行の意味として、遊山、漫遊、遊覧が好んで使用され、観光地には勝地、景勝地が使用されている。これを裏付けるために、『大言海』をみると、1932年版と1956年版の新訂版には観光の用語は見いだせず、1982年の新編版ではじめて現れた（大槻、1982）。

結局、観光という言葉がひんぱんに使用されるようになったのは戦後からである。戦後になると、全日本観光連盟、運輸省観光課、観光事業審議会、日本観光旅館連盟、観光基本法、観光白書と、観光の言葉がひんぱんに現れて定着してきた。観光旅行もごくふつうの言葉となってきた。1950年に行われた1927年と同種の百選は「日本観光地百選」と観光地を使用している。梶本保邦（1990）は、観光という用語は、戦前はインバウンドに使用され、国内観光も含めて観光がよく使用されるようになったのは、1960年以降であろうという。

「観光」の語源となった肝心の中国には、観光という言葉はあまり使用されず、旅游や遊覧という言葉をあてている。参観というように観を用いる例はある。

このようにみてくると、「観光」という言葉を易経の語源に忠実に定義する

のか、「旅行」の色彩が濃いツーリズムの意味を観光とするか、あるいは日本流に観光の意味を新たに定義するのか、そのいずれかで決めていく必要がある。

### 1.1.2 「観光」と旅行・旅行者の関係

ここで、旅行者は観光をどのようにとらえているか、日本および外国では、観光あるいはツーリズムをどのように定義しているのかを概観する。

#### 1.1.2.1 旅行者の観光・旅行に対する意識

非日常生活圏に出かけて行くかどうかで、観光とレクリエーションとに分けた1969年の観政審の定義は、旅行者の変化欲求を重視したものである。前田勇（1978）は、「旅行はたんに距離の問題ではなく、日常的には行かない所への一時的移動という、時代により社会により、また、個々人によって、基準が異なりうる事柄なのである」という。旅行者が自らの旅行を、観光、旅行という用語に対して、どのように意識しているのかを（公財）日本交通公社（1980）が、旅行実施者に深層面接を行い、次のことを明らかにした。

① 「観光」のイメージは、日帰り・宿泊の日程の長さに関係なく、内容により観光であるかどうかを判断している。「鑑賞・見物」は8割前後の人が観光、「信仰・参詣」は5割前後、「ドライブ」は4～5割、休息・休養、友人との交際、保健・スポーツ活動、飲食・ショッピングは、2～3割の人が観光と位置づけている。
② 「旅行」と聞くと、距離の概念が入ってきて、1泊以上は問題ないが、日帰りは半日以上はかけないと旅行とはいえない。
③ 「レクリエーション」のイメージは、野外活動、自然志向の活動に集約され、解放感があり、遊びと楽しみ、健康と目的としたもの。グループで活動するのがふつうである。
④ 「観光・レクリエーションの旅行ではない」と回答したなかに、登山、友人との親睦旅行、東京から近すぎる横浜への旅行、巡礼、ゴルフ、趣味の旅行があげられた。
⑤ 「観光旅行」と尋ねると、観光と旅行の二つの意味が含まれるので問題で

あり、「レクリエーション旅行」というのはおかしい、という意見が多かった。

### 1.1.2.2　調査上からみた観光と旅行の定義

1980年の（公財）日本交通公社の研究から、旅行実態調査の面接のときに、相手によって定義が異なるような用語を使用しないことがわかり、その結果、まずは多数の活動をあげておいて面接者から実施した活動の内容を把握して、活動内容によって旅行や観光になるかどうかの判断は調査者がするのが望ましいというようになった。

1964年から隔年おきに全国の旅行実態調査を実施している日本観光協会では、宿泊旅行では、目的に関係なく泊まりがけの旅行の実施を確認したあと、観光レクリエーション（スポーツを含む）旅行、出張・業務などの旅行、帰省・訪問・家事などの旅行、兼観光とに旅行目的を分けて、それぞれの実態を尋ねている。1960年から、ほぼ5年間隔で実施してきた総理府の「全国旅行動態調査」[3]では、宿泊旅行は1泊以上で2ヵ月以内・夜行日帰りは含まないと定義したあとで、観光（レクリエーション・スポーツなどを含む）旅行、業務のための旅行、家事・私用のための旅行、帰省のための旅行、学業のための旅行と、それぞれのついでの観光旅行とに区分している。日本観光協会および総理府の調査も、旅行の種類を尋ねたあとは、1回あたりの旅行の実態については、観光レクリエーション旅行だけに絞って分析している。

『Tourism Analysis』のなかで、研究機関や国別ツーリストの定義を次のように紹介している（Smith, 1989）。

① UNWTOは、ツーリストとは、少なくとも24時間以上、そして最長1年以内の期間、居住地を離れて再び居住地に戻る人と定義する。旅行目的には、レクリエーション、ホリデイ、スポーツ、ビジネス、会合、会議、研究、友人・親戚訪問、保養、宗教・伝道をあげている。
② 米国旅行データセンターと米国センサス局は、距離を重視し仕事への通勤を除いて片道100マイル旅行した人を"visitor"と定義して、米国人の旅行実態を調査している。旅行日数は問わない。しかし米国観光資源調査委員会では50マイル以上旅行した人をツーリストとしている。

③　カナダでは、"travellers"と定義してその距離を50マイル以上としている。
④　イギリスでは、ツーリストの定義ではなく、1泊以上の旅行をツーリスト・トリップと決めている。しかし、UNWTO同様に、ホリデイの他に、友人・親戚訪問、商用、会議をも含めている。

　米国、カナダ、英国の旅行調査には、観光の意味としてのツーリズムの言葉は表れてこない。UNWTOのようにツーリズムの実行者がツーリストだからであろう。
　フランスでは、ツーリズムのなかに、ホリデイとその他ツーリズムがあり、ビジネス、学習、健康の目的を除く4日以上がホリデイで、3日以内がその他ツーリズムで、ビジネス、学習、健康の目的も含める。（西）ドイツでは、5日以上をホリデイ、2～4日を短期間旅行とよぶ（William and Show, 1988）。
　主要国の旅行実態調査におけるツーリストの定義をまとめると、第2表になる。

第2表　主要国の旅行実態調査における調査対象とする旅行

| 国 | 宿泊 | 距離 | 観光 | 全目的 |
|---|---|---|---|---|
| 日本 | ○ | × | ○ | |
| 米国 | | ○ | | ○ |
| カナダ | | ○ | | ○ |
| イギリス | ○ | | ○ | |
| フランス | ○ | | | |
| ドイツ | | | | |

資料：溝尾良隆（1993）:「観光」の定義をめぐって、応用社会学研究35、43p.を一部修正

　米国のビジターの定義を100マイル以上に決めたのは、100マイル以上旅行すれば、人間の記憶に残るからという調査の精度からである。米国観光資源調査委員会は、前述したように距離を短くして50マイル以上にしているが、これでも問題であるという意見がある。米国の総人口の3分の1は、太平洋・大西洋から50マイル圏内の沿岸地域に居住し、両大洋沿岸リゾート地の収入の大半は100マイル未満の圏内旅行者によるからである。したがって100マイル以上、短縮した50マイル以上にしても、ここで指摘する沿岸リゾート地域では、旅行実態調査からは除去されてしまうツーリストが多い。五大湖沿岸のリゾート地も同様である。これを20マイル以上とすれば、旅行量はもっと多くなり、観光

産業は米国で最大の産業になるという（国際観光振興会、1988）。

イギリスの調査に対しては、「Heely は、商用旅行は除くべきであり、レクリエーション目的であれば、24 時間以内の旅行も含めるべきだ」と主張する（Smith, 1989）。

### 1.1.3　観光産業との関係

ツーリズムには、観光産業あるいは観光事業の意味も含まれていることはすでに述べた。米国では、1981 年に米国観光政策を可決したときに、ツーリズムとは「日常生活と関係のない目的で居住地以外の所へ旅行する人のために、輸送、食事、サービス、宿泊その他の施設をすべて、あるいは一部分提供するビジネスの相互に密接な関係をもつ集合体」と定義した。しかし「米国においては、ツーリズムという言葉は、マイナスの反応があり、今後は「訪問者産業」（Visitors' Industry）を用いるべきである」という意見がある（国際観光振興会、1988）。訪問者産業とは、100 マイル以上といった距離に関係なく「自分のまち以外の顧客に対応する産業」である。ツーリズムという言葉がマイナスであるかどうかは別として、発地と着地に関係する運輸産業や旅行産業、着地側の宿泊産業にとっては、どのような目的でも利用されればよいわけであるから、訪問者産業でも差し支えない。しかし、後述するように、旅行目的により旅行者の市場、行動が異なるので、マーケティングのうえからは、旅行目的を峻別しておくことが重要である。

### 1.1.4　結論

観光をもっとも狭義に使用するならば、『易経』の観光になり、英語ではそれはサイトシーイングの語がふさわしい。観光を広義に使用するときには、観光とレクリエーションと保養・休養を目的とした「旅行」になり、観政審の定義が該当する。英語のツーリズムは、この広義の観光にさらに、ビジネスと家事帰省を加えたすべての目的を含めた旅行で使用されるのが主流を占めている。したがってツーリズムに該当する日本語は「旅行」であり、ツーリズム・インダストリーも旅行産業とするのが望ましい。次に、1969 年の観政審の観光が、レクリエーションの一部であるというのは国際的には例が少なく通用し

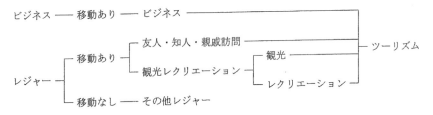

第3図　観光、レクリエーション、旅行の関係

ないので、日本で使用するときは、各種の需要側の調査で行っているように、「観光レクリエーション」といい、これはかつて日本でよく使用されていた行楽や遊楽にあたり、外国で使用しているプレジャー、長期間のときのホリデイにあたる。

　旅行地においては、マーケティング、開発の立場から、地域の有する資源特性と旅行者の行動特性を加味して、観光レクリエーションを、観光とレクリエーションとに、細分することが望ましい。これらをまとめると第3図のようになる。「移動あり」とは、非日常生活圏へ出かけていく移動を言う。

## 1.2　観光地の三区分

　これまでみてきたように、旅行にでかける側の旅行者は、旅行、観光、レクリエーションの区別は意識していないし、あえて区別する必要もない。しかし、旅行者を迎える側の目的地においては、資源と市場との立地特性から、一般にいわれる観光地を、さらに狭義の観光地、レクリエーション地、宿泊地に3区分し、旅行目的もそれに対応して、観光、レクリエーション、保養・休養（宿泊）の3区分にする必要がある。この点については、筆者は『観光学入門』ですでに述べたが（溝尾、2001）、本書では欠かせるわけにはいかないので、『観光学入門』における図・表は省略して、説明をさらに具体的にする。

### 1.2.1　観光地とレクリエーション地との相違

　まず、観光とレクリエーションをなぜ区別しなければいけないかについて

述べる。

　ツーリズムあるいは観光の定義が、これまで旅行対象となる資源から言及されていなかったところに問題がある。観光とレクリエーションの定義をめぐっても同様である。筆者が本書でもっとも強調したいところである。

### 1.2.1.1　活動との対応
　観政審の定義によれば、日常生活圏で行うテニスはレクリエーションであり、非日常生活圏で行うテニスは観光である。これを資源と対応させると、テニスの活動の場となる用地が、一方ではレクリエーション資源とよばれ、他方では観光資源とよばれることになる。このように、活動が日常生活圏と非日常生活圏との相違により資源名称が変わるのはおかしなことで、活動に対応して資源を分類することが望ましい。

### 1.2.1.2　資源の顕在性と潜在性
　ふつうの人が訪れるには困難な奥地にある滝や湖は観光資源とは言えないが、資源に接近する道路が整備され交通の便さえ確保されれば、ただちに観光対象として顕在化する。しかし、レクリエーション資源は、たとえば、スキーができるようになるには、積雪、植生、斜面の傾斜などがそれぞれがレクリエーション資源となり、これらの資源がいくつか組み合わさり、スキー場の適地と判断されて初めて資本投下をし、リフトを架け、コースを整備することで、スキー場として顕在化する。その意味では、観光資源以上にレクリエーション資源は潜在化している。

### 1.2.1.3　資源の代替性
　観光資源は、人間が創造し得ない自然資源と、人間が創造したものであるが長い時間の経過により価値が生じ評価がすでに定まっている人文資源とからなる。これらを破壊すると、復元が難しく、代替性が比較的ない資源である。これに対して、スキーや海水浴などのレクリエーションは、一部には積雪、海と自然に依拠するものの、日本においては適地が多い。ゴルフ場、テニス場などになると、活動対象となる資源は随所にあり、代替性が比較的ある。

#### 1.2.1.4 滞在時間と経済効果

　観光行動と地域経済との関連では、観光は、各地の優れた自然や文化的遺産を観て回るという周遊型の旅行であるため、個々の観光対象での滞在時間は短くなり、観光客数の割には、地域への観光の経済効果は弱い。滞在時間が短いうえに、昼間、観る・学ぶ活動であるから、宿泊施設が成立しないこともある。これに対してレクリエーション活動は、同一路を往復して、1ヵ所に滞在してスキーやテニスなどを楽しむ行動になるため、1ヵ所での滞在時間が長くなるので当該地域への経済波及効果も大きくなる。もちろん、観光地でも観光資源が数多く集積するパリや京都、あるいはリゾート地域に発展しているヨセミテ渓谷では、滞在時間が長くなる。

#### 1.2.1.5 土地利用計画において

　同一資源が、観光とレクリエーションとの利用に競合するときは、資源の代替性の少ない観光的な利用を優先させる。たとえば静謐な雰囲気の十和田湖では、眺める観光利用を優先し、モーターボートやウインド・サーフィンなどのレクリエーション利用は制限する。湖上でのレクリエーション利用を望むときは、十和田湖近くの八郎潟の調整池のような観光的価値の少ない湖沼あるいは海で行うべきである。

#### 1.2.1.6 交通計画の立場から

　周遊型行動をとる観光行動を満足させるには、往復同一路のルートを選択させないように、観光対象地からさらに多方面への道路を整備して周遊型旅行を可能にする。つまり、選択肢の多い枝線を、各方面に向けて用意しておく。他方、レクリエーション地では、旅行者の行動が同一路をたどると同時に時間集中がはげしいために、レクリエーション地に到達するまでの道路の幅員と、1ヵ所に長時間滞在するので現地での駐車場スペースを、十分にとることが望ましい。

#### 1.2.1.7 誘致力と市場との関係

　レクリエーション活動の場には代替性があるため、レクリエーション施設と

して顕在化して事業化されるには、市場からの距離が重要になってくる。レクリエーション活動は、現地での滞在時間を長くし、しかも同一路を往復するのであるから、市場からの移動時間を少なくする交通機関・交通諸施設の整備が大切になる。新幹線や高速道路が開通して、大市場と結ばれると、スキー場やゴルフ場などのレクリエーション施設の開発が盛んになるのは、その例である。

　それに対し旅行が遠隔地域になるほど観光目的の旅行が多くなるのは、見る・学ぶ目的の対象となるような優れた自然風景や歴史的・文化的遺産が周辺にはないために、遠くまでわざわざ出かけても見に行く価値があるからである。したがって、資源の代替性が少ない資源を対象とする観光ほど誘致力は強くなる。

　ここでの誘致力の強弱は距離の観点から述べているのであり、客数の多寡には関係がない。客数の多寡は、市場との距離が作用するので、同規模の施設、同ランクの観光資源であれば、市場に近いほうが多くの旅行者を集める。市場距離が同一であれば、観光資源の魅力、あるいはレクリエーション施設の規模あるいは魅力の相違が、客数の多寡を決定する。

　レクリエーション施設の誘致力は、施設の規模で決定されるからわかりやすいが、観光資源の誘致力を決定する資源の評価は容易ではない。評価をするには、全国の他事例と比較検討するか、有識者が集まる委員会で決定するか、可能であれば、だれでも使用すれば同じ解答が得られる評価式を確立して、それで評価する方法が考えられよう（溝尾ほか、1975、溝尾・大隅、1983）。（公財）日本交通公社では、これまでの研究成果を、全国の特A、Aクラスの観光資源に限定した写真集を1999年に『美しき日本』として、さらに観光対象資源をふやして2014年に『美しき日本』を再度刊行した（20頁参照）。

### 1.2.2　宿泊地

　以上の点から、観光地とレクリエーション地は、成立条件、誘致力、地域への経済効果、観光的土地利用が異なるため、両者を分けることが望ましい。

　その他に宿泊地が存在する。宿泊地については日本では温泉の存在が成立条件に強く働くが、必ずしも温泉がなくても宿泊施設は立地する。観光ルート上にあるか、レクリエーション地であるか、市場から近いか、これらいずれかの条件が成立すれば、環境に恵まれた地で水準の高い宿泊施設をつくれば事業

化は可能である。このように宿泊施設・宿泊地は代替性があるので、3章以降で述べるように競争がはげしい。

いずれにしても、世に言われる観光地は、この狭義の観光地、レクリエーション地、宿泊地のいずれかから出発して、しだいに他の要素を加えながら、立地条件、資源特性から3区分した観光地の特性を併せもつ総合的な観光地をめざしていくことが大切になる。

## 1.3 観光資源、観光対象、観光施設の定義

### 1.3.1 観光事業と観光対象、観光施設

観光は、旅行者と観光対象との関係で成立するが、観光者が快適に旅行するために、飲食や物品販売、宿泊などに対応するサービスが必要とされ、これらサービスを提供する施設が観光施設とよばれる。観光施設は、本来、旅行の補助的なサービス機能を提供するもので、旅行者が自ら用意すれば必要ないものであるし、物品販売も旅行者が購入の意志がなければ、立ち寄る必要のない施設である。レクリエーションも、たとえばスキーにしても、クロスカントリーのように、施設がなくても楽しむことはできる。

もちろん、今では、宿泊が目的に、あるいは買物、飲食が目的の旅行もあり、これらの施設が、観光対象となっているものもある。しかし、すでにみたように、その地でなければならないという代替性がないわけではないので、それら施設の立地は変動し、施設の進出・撤退がはげしい。

したがって、旅行者の旅行目的となる観光対象のなかには、観光施設と観光資源とがある。観光施設のなかには、サービス施設の強いものと、観光対象化している施設がある。しかし、それは強弱の程度であって、代替性があるだけにその地で長く経営をしていくには、不断の努力が必要になる。

### 1.3.2 広義の観光資源

狭義の観光資源については、1.3.3で詳述するが、日本では交通の利便性がすみずみまで整備されているので、すでに評価が定められており、新たな観光対象としての資源を発見したり、発掘したりすることは少ない。それだけに、

優れた観光資源を有する地域においては、代替性の少ない観光資源を保護し、育成することが望ましく、さらに周辺を整備して資源の魅力向上に努めることはあっても、観光資源の魅力を減ずるような破壊は慎まなくてはいけない。ところが現実は優れた景観を破壊している例が多々みられる。

　広義の観光資源には、地域の努力で創りあげることができるものや、いまあるものを観光的な意味づけをすれば観光対象になりうるものがある。むしろ何一つ特色がない地域であれば、それは観光地となる以前に、生活しても魅力のない地域である。たとえば、スポーツ活動や文化活動は日常の活動であり、このような活動が盛んな地域はいきいきとした地域であり、そうした地域には他地域から交流を求めてくる。サッカーのまち静岡市清水や盛んな俳句やコーラスなどを通じて国内外と交流している例がある。さらに地域の産業や特性を工夫すれば観光資源になりうる例として、群馬県嬬恋村をあげると、嬬恋村はすでにスキー場、温泉、別荘があり観光地であるが、全国有数のキャベツ産地である。景観としてのキャベツ畑、ジュースや野菜としてキャベツを食卓にのせることで、農業と観光の結びつきが図れるし、さらに、多くのスケート選手を輩出している"スケートのまち"を前面に押し出せば、スケートを通じての交流を盛んにすることもできるだろう。

　そのほかに農業で日本一、地場産業で日本一、というのは観光の「光」である。たとえば、眼鏡フレームは福井県鯖江市で日本の90％を、軍手の時代からいまの革手袋まで、手袋は香川県東かがわ市白鳥で70％を作っている。1ヵ所に生産が集中しているので他地域で見ることができない。その地へ行きそれを見る、買うのが産業観光である。さらには自分たちの地域が生んだ人物、ゆかりのある人物も、観光に生かすことができる。そのような流れから、美術館、陶芸館、文学館、音楽館がいま各地にできている。

　イベントが流行りであるが、どこにでもあるようなイベントでは長つづきしない。アイディアは良くても地についたイベントでないと、他ですぐに真似されてしまう。湯布院では「牛一頭牧場主運動」から発展した「牛喰い絶叫大会」を行っているが、これらは原野を守ることから派生したイベントである。また「湯布院映画祭」は、いままで映画館もなかった湯布院の人たちに映画の良さをわかってもらおうと、地域のリーダーであり、映画の専門家でもある中

第1章 「観光」の基本を理解し、マーケティング力を高める　　19

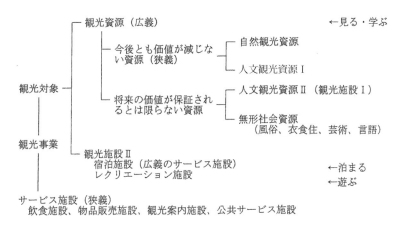

第4図　観光資源、観光対象、観光施設、観光事業の関係
注：観光基礎概念研究会（1998）：「観光・観光資源・観光地」の定義、観光研究、vol.9, No.2 p.35-37 を一部修正。

谷健太郎らが始めたものである（中谷、1983）。このようなイベントはたんなる客集めにやったものではないだけに強く、長つづきする。

　以上のことを整理したのが第4図である。

### 1.3.3　観光資源の種類と評価、見方

　観光資源の評価を研究し続けている筆者は、観光資源の種類をどのように区分したら評価できるかを、1974年以来ずっと試行錯誤を繰り返している。これまで種類と区分を1974年のときに、私たちの研究メンバーは人文資源Ⅱというのを設けたのがあたらしい提案であった。その後、当時の㈶日本交通公社が1994年に複合型観光資源を提案した。このとき筆者はこの考えに納得したが、2008年の段階で、それなら自然資源の島嶼は完全な複合資源であり、山岳も高原も複合観光資源であろう。ということで複合観光資源の別枠を廃して人文資源に加えた（溝尾、2008）。それらを微調整して2010年に『観光学と景観』で公表した。

　しかし、2013年に設置され、筆者もその一員になった（公財）日本交通公社の観光資源評価委員会では、自然資源の種類について主として筆者の考えを

第3表　2001年観光資源の分類

| 自然観光資源 | 人文観光資源Ⅰ | 人文資源Ⅱ | 複合資源 |
|---|---|---|---|
| 1. 山岳 | 1. 史跡 | 1. 橋 | 1. 歴史景観 |
| 2. 高原 | 2. 寺社 | 2. 近代公園 | 2. 田園景観 |
| 3. 原野 | 3. 城跡・城郭 | 3. 建造物[*1] | 3. 郷土景観 |
| 4. 湿原 | 4. 庭園・公園 | 4. 観覧施設Ⅰ[*2] | 4. 都市景観 |
| 5. 湖沼 | 5. 歴史景観 | 5. 観覧施設Ⅱ[*3] | |
| 6. 峡谷 | 6. 年中行事 | 6. 観覧施設Ⅲ[*4] | |
| 7. 滝 | 7. 碑・像 | 7. 遊園地・テーマパーク | |
| 8. 河川 | | | |
| 9. 海岸 | | | |
| 10. 岬 | | | |
| 11. 島嶼 | | | |
| 12. 岩石・洞窟 | | | |
| 13. 動物・植物 | | | |
| 14. 自然現象 | | | |

[*1] 建造物：都市建造物、産業観光施設、その他建造物
[*2] 観覧施設Ⅰ：動物園・植物園
[*3] 観覧施設Ⅱ：博物館・美術館
[*4] 観覧施設Ⅲ：水族館

注：溝尾良隆（2001）「観光資源と観光地」121頁、岡本伸之編著『観光学入門』有斐閣アルマ

　強く述べ、全員の一致をみた。一番の相違は、島嶼が無くなったことである。たしかに佐渡、隠岐の島とまとまりがあるが、島内には数多くの資源があり、それは観光地である。単独の資源の島であれば、それは島でない別の観光資源で評価すればよい。そのほか、連続していてどこで線引きするのがむずかしい高原・湿原・原野、河川・峡谷、海岸・岬を一緒にした。

　評価がむずかしいうえに変化の激しい温泉、食、芸能・興行・イベントについて筆者は評価するのには必ずしも賛成ではなかったが、挑戦という積極的な事務局の意向で、新しく加わった。さらに議論したのは寺の評価である。寺はこれまで、それぞれ別個に評価していた建物、庭、植物（サクラや紅葉など）は、それぞれが独立しているわけではないので、すべて総合化して評価することにした。仏像も多少考慮に入れている。逆に、庭園、植物から寺社関係が抜けた。

　（公財）日本交通公社では、評価結果を『美しき日本　旅の風光』（2014）として刊行した。15年前にも『美しき日本　いちどは訪れたい　日本の観光遺産』も発刊している。これらの書物には、世界の人に見せたい特Aクラスの観光資源と、日本人なら生涯にかならず見ておきたいAクラスの観光資源が、写真と説明付きで掲載されている。2014年版では、自然資源、特A　15　A

第1章 「観光」の基本を理解し、マーケティング力を高める

**第4表　2014年観光資源の分類**

| 自然資源 | | 人文資源Ⅰ | | 人文資源Ⅱ | |
|---|---|---|---|---|---|
| 01 | 山岳 | 11 | 史跡 | 19 | 動植物園・水族館 |
| 02 | 高原・湿原・原野 | 12 | 神社・寺院・教会 | 20 | 博物館・美術館 |
| 03 | 湖沼 | 13 | 城跡・城郭・宮殿 | 21 | テーマ公園・テーマ施設 |
| 04 | 河川・峡谷 | 14 | 集落・街 | 22 | 温泉 |
| 05 | 滝 | 15 | 郷土景観 | 23 | 食 |
| 06 | 海岸・岬 | 16 | 庭園・公園 | 24 | 芸能・興行・イベント |
| 07 | 岩石・洞窟 | 17 | 橋・塔 | | |
| 08 | 動物 | 18 | 年中行事 | | |
| 09 | 植物 | | | | |
| 10 | 自然現象 | | | | |

注：2014年　公益財団法人日本交通公社に設置された観光資源評価委員会で区分したものを、筆者が人文資源ⅠとⅡとに区分した。筆者も委員の一人として参加し、特に、自然資源の区分については、筆者の意見が強く反映されている。詳しくは、観光文化222号 pp. 20-28 を参照。

　143、人文資源　特A　40　A　253の451の観光資源になっている。

　自然資源と人文資源とに分けたからといって、評価の際にはそれぞれが入り混じっているのに留意する必要がある。例えば、日本の滝は那智の滝に代表されるように、表面的には自然資源であるが、滝そのものがご神体であることが多い。自然資源と人文資源の双方から評価するなら、那智の滝の奥深さが理解できるだろう。巨岩は自然資源であるが、神の磐座（いわくら）になっているのが多いし、有名なオーストラリアのエアーズロックはアボリジニにとっては聖地で、人文資源である。逆に、庭園は人文資源になっているが、人間の手によって理想的な自然を取り込んだのが庭園であるから、自然的要素も色濃くでているのである。

注
1) 観光政策審議会の議事録を読むと、角本良平氏による観光の定義がもとになり、専門委員が議論して一部修正してまとめている（観光政策審議会専門委員議事録　第9回～第13回、1968、1969）。
2) 本著6年後に刊行された『観光学の基礎』pp.19～22に詳述するが、未だ判明していない。
3) その後国土交通省が担当したが、1997年で取り止めになった。

## 提言　観光対象となる資源の発掘―群馬県の上毛かるたから―

### 「上毛かるた」とは

群馬県観光の今後の展開には、これまでのスキーと温泉に、群馬県の文化を付加すべきである。そうすることで、県観光に幅と深みが生じ、これまで北部で展開されていた観光が南部にも広がり、県全域の観光になる。どのような形で群馬県の文化を表現したらよいか。「上毛かるた」に詠まれていることを一つひとつ具体化していくならば、群馬県の文化が顕在化される。

全国各地に郷土かるたがあるが、ほとんどはかるたをつくったら終わりで、その存在すら知らない人が多いのが実態であろう。上毛かるたは郷土かるたの草分けであり、群馬県人であれば知らない人はいないというくらい、群馬県では普及している。筆者は、長野県の「信濃の国」の歌と「上毛かるた」は、県民のアイデンティティの形成に寄与していると以前に述べた（溝尾、2011）。1948年に「上毛かるた」はできた。県のかるた大会があり、郡・市別に予選大会をやり、各地区で1位になったチームで県大会をする。

筆者も団体で県大会までいった経験から、「あ」といえば、「浅間のいたずら鬼の押出し」、「い」は、「伊香保温泉日本の名湯」、「う」は「碓氷峠の関所跡」と、すぐに言うことができる。大会で同点になると「つる舞う形の群馬県」をもっている方が勝ちになる。かるたの文面はずっと変わらないが、一つだけ変わるのが「力あわせる××万」で、××にはそのときの県人口が入る。

### 上毛かるたの観光対象化

「上毛かるた」から、観光対象となる資源を「自然資源」「レクリエーション資源」「人文資源」「都市」「温泉」「産業」「人物」「その他」と分類したのが第5表である。

「自然資源」「人文資源」はすぐに思

**第5表　「上毛かるた」に詠まれた観光対象資源**

| 区分 | 名称 |
|---|---|
| 自然資源 | 赤城山、榛名山、妙義山、尾瀬沼、鬼押出し、吾妻渓谷、片品渓谷、利根川、三波石、冬桜、安中杉並木 |
| レクリエーション資源 | 水上谷川 |
| 人文資源 | 二子塚、多胡碑、貫前神社、少林山、茂林寺、白衣観音、子育て呑竜、碓氷関所跡、花山公園、清水トンネル |
| 都市 | 前橋、高崎、桐生、伊勢崎、太田 |
| 温泉 | 伊香保、草津、四万 |
| 産業 | 縁起達磨、生糸、繭、機織り、銘仙、ねぎ、こんにゃく、電力 |
| 人物 | 内村鑑三、新島襄、塩原太助、関孝和、新田義貞、船津伝次平、茂左衛門、田山花袋 |
| その他 | 八木節、雷、空っ風、義理人情、群馬県 |

注：「上毛かるた」より溝尾作成。

い浮かぶが、産業の「縁起達磨」、「機織」、「ねぎ」「こんにゃく」や人物は、広義の観光対象資源であり、群馬県のイメージアップを高めるためにも意味がある。

人物をみよう。田山花袋というと埼玉県との結びつきが強い。羽生市に行くと田山花袋の「田舎教師」のモデルになった先生との関連で銅像がある。羽生市は「田舎教師」を売り出している。しかし花袋は館林市出身である。新島襄は同志社大学の創設者として京都との関連が深いが、安中市出身で、かるたは「平和の使い　新島襄」である。内村鑑三も高崎市出身で「こころの燈台　内村鑑三」。藤岡市出身の関孝和は、江戸時代に世界的にみても水準の高い数学者であったといわれるが、いま一つ世間では評価が不足している。

水上・谷川がレクリエーション資源に入っているのは、かるたに「水上・谷川、スキーと登山」とあるのにしたがったからで、1948年すでにスキー場ができていたことも伝える。

このように他県で真似のできない、自分たちのもっている地域の個性や特性を生かすのが観光である。「上毛かるた」の世界を具体化していくならば、群馬県観光はあらたな展開を遂げることになろう。

## 参考文献・引用文献

Colton, Craig. W.（1987）：Leisure, Recreation, Tourism A Symbolic Interractionism View. Annals of Tourism Research, Vol.14, pp.345-360.
Gunn, Clare A.（1988）："Tourism Planning" Taylor & Francis, 357p.
Mathieson, Alister & Wall, Geoffrey（1982）："Tourism Economic, Physical and Social Impact" Longman Scientific & Technical, 208p.
Metelka, Charles J.（1986）："The Dictionary of Tourism Second Edition" Delmar Publishers Inc., 116p.
Rothman, Hal K.（1998）："Devil's Bargains" University Press of Kansas, 434p.
Smith, Stephen L. J（1989）："Tourism Analysis" Longman Scientific & Technical, 312p.
Tribe, John et al.（2000）："Environmental Management for Rural Tourism and Recreation" Cassell, 214p.
William, Allan and Shaw, Gareth（1988）："Tourism and Economic Development" Belhaven Press, 257p.
グリュックスマン, R.（1940）：『観光事業概論』国際観光局　229p. Robert Glücksmann（1935）："Allgemeine Fremdenverkehr"
ボールマン, A.（1981）：『観光学概論』橘書院　212p.
井上万壽蔵（1967）：『観光と観光事業』国際観光年記念行事協力会　283p.

岩崎爾郎・加藤秀俊（1971）：『昭和世相史』社会思想社　365p.
上原敬二（1943）：『日本風景美論』大日本出版社　442p.
大槻文彦（1982）：『新編版　大言海』冨山房　480p.
梶本保邦（1990）：「もし勝海舟が観光丸に乗っていたら」　観光　90-5　pp.3-5.
観光基礎概念研究会（1998）：「観光・観光資源・観光地」の定義　観光研究　Vol.9 No.2　pp.35-37.
国際観光振興会（1988）：『国際観光情報』第266号　国際観光振興会　143p.
小谷達男（1994）：『観光事業論』学文社　170p.
塩田正志（1974）：「観光の概念と観光の歴史」　鈴木忠義編著（1974）：『現代観光論』有斐閣　291p.
末武直義（1974）：『観光論入門』法律文化社　126p.
高田真治・後藤基巳訳（1993）：『易経　上』岩波書店　pp.206-208.
田中喜一（1950）：『観光事業論』観光事業研究会　375p.
内閣総理大臣官房審議室（1970）：『観光の現代的意義とその方向』大蔵省印刷局　130p.
中谷健太郎（1983）：『たすきがけの湯布院』アドバンス大分　252p.
新村出編（1955）：『広辞苑』岩波書店　470p.
（公財）日本交通公社（1974）：『余暇社会の旅』日本交通公社　277p.
（公財）日本交通公社（1980）：『観光調査統一化に関する研究』日本交通公社　92p.
（公財）日本交通公社（1999）：『美しき日本　一度は訪れたい日本の観光遺産』日本交通公社　207p.
（公財）日本交通公社（2014）：『美しき日本　旅の風景』日本交通公社　287p.
前田勇（1978）：『観光概論』学文社　160p.
溝尾良隆ほか（1975）：「多次元解析による観光資源の評価」　地理学評論　第48巻第10号　pp.694-708.
溝尾良隆・大隅　昇（1983）：「景観評価に関する地理学的研究—日本の湖沼を事例にして—」人文地理　第35巻第1号　pp.40-56.
溝尾良隆（1993）：「観光」の定義をめぐって　応用社会学研究　35　pp.39-48.
溝尾良隆（2001）：「観光地と観光資源」　岡本伸之編著『観光学入門』有斐閣　pp.119-146.
溝尾良隆（2008）：「観光資源論・観光対象と資源分類に関する研究」　城西国際大学紀要　第16巻第6号　pp.1-12.
溝尾良隆編著（2009）：『観光学の基礎』原書房　pp.19-22.
溝尾良隆（2011）：『ご当地ソング風景百年史』原書房　242p.

# 第2章

# 観光産業の特性を生かし、地域の経済・社会効果を大きくする

　21世紀の初頭には世界の最大の産業は、観光産業になるだろうといわれている。観光が主幹産業になっている開発途上国だけではなくて、経済先進国アメリカでも統計方法を是正すれば観光産業がすでに最大産業であるという。日本における観光庁の2012年調べでは、国内の旅行消費額は、約22兆5千億に達している（観光庁、2014）。日本には長期休暇制度がまだ導入されていないことを考えると、日本の観光産業はこれからさらに飛躍的に拡大することが予想される。

## 2.1　観光産業の特性と地域経済効果

　観光や観光産業が経済界に注目されない一つに、日本標準産業分類や産業連関表に、観光産業が存在しないからである。米国トラベル・データ・センター（USTDC）では4分の1以上が旅行に向けられている産業を観光関連産業としている（杉山、2002）。近年、日本でも土産品店が日本標準産業分類に登場した。しかし、「その他小売業」中にあり、しかも「他に分類されないその他小売業」で、"観光地の土産品店で、この商品分類で商品の種類を分けることが困難な場合に限る"とされている。このように土産品店であるかどうかは、事業者のおおよその判断に求められている。販売者からみれば、購入者が観光者かどうかわからない。したがって、観光の波及効果について地域の状況を調べるときにも、事業所ごとに、売上げのうち観光客からの売上げはどのくらい

かと尋ねて、事業者の判断からの観光者の売上げ比率を求めて、計算しているのが実態である。そのほかにも観光ブドウ園や芋掘り観光の観光農業のように、売上げのほとんどを観光者に依存していても、それを観光産業ということはなく、農業の統計に計上される。産業分類は、生産する産業が主体で、消費の産業は生産後になるからである。この点を念頭において、以下、観光産業の特性を述べていく。

観光産業は地域へ与える経済効果を大きいといわれるが、そのようにいわれるゆえんは、次に示すような観光産業の特性にある。

**（1） 消費者が生産地を訪れる**

一次産業と二次産業は、生産物・製品を市場（消費地）へ向けて出荷するが、観光資源は輸出（移出）できないので、わざわざ旅行者（消費者）が観光地（生産地）を訪れて、消費活動をする。そのことから観光産業は、

**（2） 付加価値の高い産業である**

一次・二次産業が市場出荷すれば、流通コストがかかるし、出荷の梱包を含めた手間もかかる。消費地値段の何割減かで出荷する。それに対して、観光者相手の生産地では、消費地の値段に比べて安くする必要はなく、野菜、果物・魚などであれば新鮮でおいしいだろうということで観光者は購入する。その結果、一次・二次産業の利益率は大きくなる。地場産業は日本国内でその地域に生産が特化することから、他地域では生産も製品も見る機会がないために、生産工程や製品を見たいと思うならば、その地を訪れなければならない。地場産業の生産工程は観光対象になり、かつその製品は販売対象にもなる。

個々の企業をみると、観光産業は低収益で小規模・零細企業が多い。しかし一方で「サービス産業ほど付加価値のつけられるものはない」とディズニーランドの社長は言っている[1]。東京ディズニーリゾート（TDR）へは、高い入園料と土産代を払っても行きたいという人が年間3,230万人（2013年度）もおり、その多くがリピーターであることがそれを裏づけよう。つまり2,000円、3,000円払っても惜しくなく、しかもその提供するサービスに満足するのが付加価値である。観光産業は規模や量もさることながら、根本は付加価値のある質の高さを追及するのが望ましい。

## (3) 消費が多くの業種に波及する

　一次・二次産業がモノをあつかっているのに対し、観光産業はヒトが相手である。旅行者が一時的な滞在にしろ、観光地で生活する。観光地での滞在が長期になるほど、消費行動は旅館や土産物店、飲食店など観光関連産業のみならず、生活者と同じく薬局店、果物店、タバコ店など、ふだん生活するのに必要なものを販売するさまざまな業種に波及していく。

　観光産業は、自らモノをつくらず、他産業からの生産物と製品の供給を受け、そこにサービスという付加価値をつけて成立している。したがって観光産業の規模が大きくなると、観光産業が依存する他産業への波及が大きくなる。

　観光と連携する他産業は、同一地域内での対応が可能である。観光産業は、産業全体として規模は大きくても、個々の産業規模はそれほど大きくなく高度ではないので、一次産業など地域の他産業が対応しやすい。工業も、地域に下請け企業が存在して地域との結びつきは生まれるが、昨今の状況は、土地・人件費の安い海外に企業移転を強めている。

## (4) 人に依存するサービス産業である

　省力化が進んでいるとはいえ、観光産業はヒトが重要な役割を果たしている。とくに、女性、若者が対応でき好む産業であるため、女性の社会進出や若者の雇用の場となりうる。観光地化が促進するにつれ、都市部の若者たちがUターン、Iターンをする機会が多々みられる。

## (5) 立地が植物型産業である

　旅行者が観光地をわざわざ訪れるということは、観光資源の移転・移動が不可能であるからで、移転・移動が可能な旅行者にサービスをする観光産業は、観光資源に付随して立地する。そのため事業の成功の鍵は、立地条件の良さにある。しばしば地元企業が外部からの進出企業との競争に負けるのは資本力の差もあるが、外部企業が観光地に立地するときは、地域内でもっとも優れた立地の選択をするからである。それに対して地元企業は自らの所有地で事業展開するため、その地が観光産業の立地にふさわしいとは限らないという立地の差が両者の事業の成否を分けるのである。

## (6) 生産即消費の産業である

　製造業あるいは物品をあつかう業種のようには、観光産業は在庫管理がで

きない。季節変動、曜日変動の大きい観光にとって在庫のないことは、旅行業のような産業にはプラスに働くが、宿泊施設や定時に運行する鉄道や航空の運輸業にとっては、旅行者が少なくても、部屋を席を空けたまま経営ないしは運航しなければならない。しかも、旅行者が多いシーズンには、需要に対応して鉄道の本数や空港の便数を一気に増加させることができない。そのために利用の少ない時期の需給の調整を、オフシーズン・レート、あるいは早期割引といわれるような価格の変動で、需要の喚起に努めているのである。

**(7) 消耗の少ない、再利用が可能である**

主要な観光対象の一つである、自然、人文の観光資源は、その資源を磨耗することなく、つねに最善の状態で整備しておけば、日に何度も、毎年いつでも、そして子々孫々にまで、多くの人を集めることができる。

## 2.2 観光の社会効果

観光地の知名度があがると、どこへ出かけてもみずからの地域を紹介できる。さらに評判よく素晴らしければ、「よいところですね」といわれ、みずからの地域に誇りをもち、生活する地域にアイデンティティをもつことができる。しかもこの社会効果は、経済効果が地域の一部の人々に限定されるのに対して、その地域に生活するすべての人にプラスの効果を与える点に特徴がある。

さらに、観光振興を機会に「昔取った杵づか」ではないが、廃れていた技術や芸能文化が復活することもあるし、なによりも、他地域の人々と交流することで、閉鎖的あるいは同種の考えで固定されてしまう地域社会に異質の風が吹き、地域の人々が刺激を受け、人々の考えが一新したりする。

積雪地域においては、筆者は次のような経験をしている。これまで冬期になると出稼ぎに行き、雪や冬の時期になると陰鬱な気分になったのが、スキー場ができたことにより、出稼ぎに行く必要がなくなり家庭基盤の充実につながったり（新潟県旧黒川村）、冬期に客のいなかった民宿やペンションの営業が、オンシーズンになり事業が軌道に乗ったり（福島県裏磐梯地域）、あるいは雪が降るのが楽しみになってきたりして（福島県旧舘岩村）、そこに住む人たちに冬に対する大きな意識変革が生まれている。

以上、列挙したことなどが、経済効果の他にみられる社会効果である。

## 2.3 観光効果を最大にする方策

　観光産業が地域への経済効果の大きい特性を有していても、地域により観光の経済効果に差異が生じる。地域への観光の効果を大きくするには、地域内の自給率を高めること、地域への波及率を高めることが基本になる。

　その前にまず観光者の多いことが前提になる。観光者の多寡が経済効果の差を生む。

　次に観光者の滞在時間を延ばすこと。観光者の数が多くても滞在時間が短ければ、ゴミ処理とし尿処理に追われ観光公害になる。日帰りでも一日滞在すれば食事をとるし、宿泊すればさらに経済効果は大きくなる。長期滞在となれば、生活者と同じになるから、さまざまな業種に波及する。

　第三は、観光者の行動、「見る」「遊ぶ」「休む」「買う」「食べる」に、地域がどの程度対応できるかである。地域の業種がすべてに対応できれば経済効果は大きくなる。対応できていないとき、どの部分が対応できないで、どのようにしたら対応の可能性が生まれるかを検討する必要がある。

　第四に、観光者が多くても、特定の時期・時間に集中すると、観光公害が生じるし、シーズン・オフに無駄が生じる。観光者の入り込みに季節変動が少なければ、仕入れに無理がなくなり安定した観光事業を展開できる。

　第五に、客層により消費行動に相違があり、若者より家族、家族より団体が消費は多いと一般的にはいえる。しかしそれも第三で述べた、旅行者の行動に対応できる魅力あるものが提供できるかどうかが先決であろう。

　最後に、観光産業が地域の他産業と結びついているかどうかである。そうでないとき、どこに問題があるのかを明らかにして、地域内で両者がいかに連携し合えるかどうかという仕組みを作っていくことである。たとえば、両者が合致しないのは、観光産業の求める質の水準が高く、地域の産業が要求に応えられないのか、観光産業の要望が量的に少なすぎて、そのうえに曜日変動、季節変動があるため、地域の産業が対応したくないのか、逆に観光産業の要望量が多すぎて対応できないのか、あるいは地域で仕入れるまでにいくつかの段階

を経てくるので地元からの仕入値段が高くなるという問題があるのか、こうした各種の問題が内在しているからだろう。この点について筆者は、佐渡を事例に言及した（溝尾、1993）。

観光産業があつかう原材料や品物が地域外の企業と結びつき、旅行者の消費も地域外にリーケージ（漏れ）してしまうので問題といわれるが、それは観光産業の特質ではなくて、観光と他産業との関係なのである。さらに地域外にリーケージするといったときに、その地域とは市町村の範囲なのか、市町村を越えた県レベルの大きさなのか。地域の範囲が大きくなれば当然リーケージは少なくなる。このようにリーケージの大小は地域の大小とも関係する。

## 2.4　一次・二次産業の観光産業化

観光の経済効果では、観光産業と一次・二次産業の連携強化を述べたが、ここでは、一次・二次産業みずからが、観光産業化する必要を述べる。

農漁業や工業が観光産業化することで、それらの業種は、観光産業の特性でみたように、流通コストは削減され、付加価値は高くなる。その一方で訪れた人たちがその生産物や製品を知り、評価が高くなると、市場においても認知度が高くなり、市場出荷がしやすくなるし、消費地にその製品があれば、購入するようになる。さらに、これまでのように市場へ出荷していただけでは消費者の嗜好が把握しにくかったが、消費者の購買に直接ふれることにより、消費者の好みがわかり、生産物や商品の改善につながる。何よりも、一次産業の生産、二次産業の加工、三次産業の販売のすべてをあつかうことで、地域内の経済循環が活発になり、地域内の付加価値が増大するのである。いわゆる六次産業化である。

かつて群馬県川場村永井村長は、「川場村の知名度を高めて、市場での農産物の出荷を有利にするために、観光事業を展開している」と、私に語ったことがある。このような観光を利用して地域の知名度を高める発想も必要であろう。

こうした方向を採用することになったら、農業、漁業、林業、地場産業を横軸に、観る、作る、採る、買う、楽しむ、これら活動を縦軸にしたマトリックスを作成して、その空白を埋めてみる。現在、どこまで対応ができていて、今

後どこまで埋められるかをチェックしてみることをすすめる。第6表は、すでに全国で実践している例である。

注
1) 本文は間違いないが、出所が不明。

**第6表　一次産業・二次産業の観光産業化への取組み事例**

|  | 農業 | 森林・林業 | 漁業 | 二次産業 |
|---|---|---|---|---|
| 生産風景・光景観賞 | 千枚田（輪島市）<br>水仙栽培（野母崎町） | 北山杉（京都）<br>屋久杉（屋久島） | タイ網漁（福山市）<br>うたせ船（芦北町） | 酒蔵（多数）<br>ワイン醸造（池田町） |
| 展示・鑑賞施設 | 洋蘭センター（西伊豆町）<br>ダリア園（川西町） | 国際きのこ会館（桐生市）<br>もくもくランド（津山町） | くじら博物館（太地町）<br>サーモンパーク（村上市） | 日本こけし館（鳴子町）<br>洋食器会館（燕市） |
| レクリエーション利用 | 多種果樹狩り（多数） | 山菜狩り<br>森林浴 | 渓流釣堀（道志村）<br>釣り各種 | 陶芸の里（宮崎町）<br>鍛冶屋体験（信濃町） |
| 学習体験 | 山村留学（八坂村）<br>体験学習（多数） | 学びの森（五ヶ瀬町） | 体験漁業（多数） | 陶芸市（有田町）<br>着物大遊園会（長浜市） |
| 祭り・イベント | そばまつり（利賀村）<br>芋煮会（山形市） | 林業まつり（久万町） | ガタリンピック（鹿島市） | 上記、展示鑑賞施設<br>雪まつり（十日町市） |
| 買物・市 | 朝市（高山市）<br>農産物センター（多数） | 上記、展示・鑑賞施設と下記、特産物の場所 | さかなセンター（焼津）<br>魚のアメ横（寺泊町） | すべてに関係 |
| 特産物・土産物品 | ワイン（池田町）<br>栗菓子（小布施町） | 山菜漬物（多数）<br>木工品（置戸町） | さんご（土佐清水市）<br>他全国多数 | 容器の使用で関連<br>飲み物他多数 |
| 特産料理 | そば（山都町）<br>サツマイモ料理（川越市） | とろろそば（耶馬渓町）<br>山菜料理（多数） | カニ民宿（越前町）<br>他全国多数 | 酒、ワイン、ビール、焼酎など飲料として全国多数 |
| 集落景観 | 茅葺き民家（美山町）<br>合掌づくり（白川村） | 金山杉民家（金山町）<br>小国杉使用（小国町） | 宿根木（小木町）<br>御手洗（豊町） | 大森（大田市）<br>吹屋（成羽町） |
| 会員制・契約制 | ふるさとパック（多数）<br>果樹類（多数） | ふるさとの森（布施町） | ふるさとパック（多数） |  |

注：各種資料より、溝尾作成。所在がわかりやすくするため平成の合併以前の市町村名を使用。

## 事例　農業と観光の連携、「水仙の里づくり」長崎県野母崎町[a]

長崎市野母崎は、長崎半島の先端部に位置し、年間平均気温18℃の温暖な気候の地で、県の亜熱帯植物園がある。農業と漁業が盛んなまちである。1989年にリゾート法による重点整備地区の指定を受けた町は、美しい自然景観に富んだ海岸線と温暖な気候を活用し、学びながら余暇を楽しむ「スコーレ観光」を推進し、長期滞在型の観光地づくりをめざしている。

### 農業としての水仙栽培

野母崎では、気候的特性を活かした冬期開花の花栽培を主体とした生産が行われている。なかでも水仙は野母崎の風土に適しており、古くから野山、田畑の畔などに自生していた。農業としての取組みは、戦前に早くから野母出口地区の農家数戸が水仙の球根を畑に植えて栽培したのが始まりである。戦前・戦後（1940～48年ころ）の食糧不足時代には一時期栽培が中止されていたが、1955年前後から再び球根栽培が始まり、長崎市場への出荷が行われるようになった。

生産量が増し出荷最盛期には1日に1万本以上の出荷となるなど、長崎市場では飽和状態がつづき価格の暴落に悩まされた。そこで1983年に新しい市場として福岡花市場への出荷を試みた。結果、評判も良く水仙栽培に見通しをつけることができた。県外出荷には量的生産によって継続する出荷体制を整備する必要があることから、長崎農業改良普及所、町農業委員会の指導のもとに「水仙共販協議会」が結成された。

1985年に県外出荷が農協系統で開始されるようになり「長崎水仙野母崎特産」として大阪花市場に送られた。福岡、大阪、東京の市場での評価は、越前水仙、房州水仙、淡路水仙よりも袴（＝草の茎を覆い包む皮のこと）が長く、生け花用に見栄えが良いとして高値で取引され日本一の折り紙が付けられるようになった。

### 水仙の里づくり事業

自信をもった農家の人々は、特産作物として栽培を促進することをめざし、1986年に「水仙の里づくり」を提唱し、水仙の里づくり推進委員会を設置した。委員会を中心として町、農協、生産者が一体となって県農業改良普及所の積極的な指導を受けながら栽培面積の拡大、栽培技術の研究に努めた。

1989年2月に「ふるさと創生事業」に関するアイデアを町民に募集して「水仙の里づくり事業」が採択された。同年町花に水仙が選ばれた。これをきっかけに、それまでの農業としての生産主体から観光を含めた水仙の里づくりへと動き出した。

野母崎は以前から夏が観光のシーズンで、海水浴を楽しむ観光客で賑わうのだが、冬場は沈滞していた。そこで水仙を冬の観光として、約8キロの県道沿線に水仙を植えて町のイメージ作りを行った。1990年田の子総合運動公園を中心に、水仙園、親水ボードデッキ、展望広場など水仙を活かした町づくりを振興するための拠点整備を開始し、1993年に

「水仙の里公園」が完成した。約3億円を面積約6haの園内に投資して、日本水仙約300万本のほか、世界7ヵ国25種の水仙約2万本と5,600本の椿が植栽されており、ここに集まれば世界の水仙が鑑賞できるというのがキャッチフレーズになっている[b]。

1993年から水仙まつりを開催した。93年から96年までは毎年1月15日のイベントで2,000〜3,000人程度であったが、後に20日間にわたってイベントをつづけたところ5万人もの人が訪れた。

野母崎水仙の石鹸を1999年に新たな特産品として販売したところ、予想以上に評判が良く、1ヵ月で1,000個売れた。町内で前年の冬摘み取った水仙から抽出したエキスなど自然原料だけを使っているため、水仙の香りを楽しむことができる。値段も500円と手頃である。

注
a) 本論は、小生のゼミ生伊東洋子のレポートを筆者が加筆修正したものである。
b) 現在は、世界の水仙はなく、日本水仙だけであるが1,000万本にふえている（2014年）。

写真1　野母崎町の水仙（長崎県観光連盟提供）

## 参考文献・引用文献

観光庁（2014）:『観光白書』観光庁　170p.

杉山武彦（2002）:「観光の波及効果の分析」　pp.41-62　『国家的課題としての観光』社団法人日本経済調査協議会　179p.

溝尾良隆（1993）:「佐渡地域における観光客増加に果たした島内努力と市町村間における観光客不均衡の要因に関する研究」　地域研究　Vol.33　No.2　pp1-20.

# 第3章
# 国内観光の課題を把握し、観光の動向を読む

## 3.1 空洞化問題—国内観光の構造変化

　国内観光地の空洞化問題が叫ばれてから久しくなるが、なぜそのようなことがいわれて、なぜそのような問題が生じたのか。空洞化問題はもともと第二次産業で工場などの海外移転により、国内の産業の空洞化がめだってきてから登場した言葉であるが、この空洞化問題が国内観光地にもあてはまるといわれている。海外旅行の増加が著しい反面、国内旅行が低迷している状況から、国内観光地の観光者が減少し、それに追い討ちをかけて旅行費が低廉化しているので、国内観光地は空洞化しているといわれた。その原因をバブル経済の崩壊に求める声が大きいが、それもないとはいわないが、むしろ以下に述べるような国内観光の根本的な構造変化に帰するところが大きいと認識すべきである。

### 3.1.1　海外旅行との競合
　海外旅行者数は増加しているといっても、まだ国内観光の 20 分の 1 程度にすぎず、それほど問題ではないという意見もあるが、消費総額ではかなり接近してきている。しかも海外旅行者は旅行に積極的姿勢があり、地域や職場においても旅行のオピニオン的存在であることも無視できない。海外旅行指向がこれからもますます強まることから、国内観光地の空洞化が問題になってきた。
　海外旅行が国内旅行に比較して相対的に安いという。国内旅行が移動の交

通機関であるJRと航空会社の価格がこれまでは硬直的で安くならない反面、海外旅行では円高で相対的に安くなるとともに、航空会社数とそれに伴う座席供給量の多さから、競争が激しく運賃は低下し、旅行会社も収益を削ってでも安く、楽しい商品を提供する時代になっている。韓国旅行などは国内旅行並みになっているし、国内旅行より見かけ上は高額な海外旅行でも、食事、ホテル、観光対象を総合すると、海外旅行は満足度が高く、旅行が安いという印象がある。それでも近年の国内旅行料金も低廉化傾向にあるが、宿泊施設など観光業者に価格低下のしわ寄せをして、収益を悪化させて観光産業の疲弊を招いているという好ましくない状況も生まれている。この点についての構造上の改善策については後述する。

今後日本に長期休暇制度が導入されたとき、さらに海外の観光地との競争が激化する。観光地全体としての努力を怠るならば、第5図のような、国内旅行は英国の状況をたどるかもしれない。

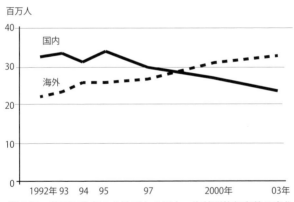

第5図　英国居住者の4泊以上の国内・海外別旅行者数の変化

## 3.1.2　成熟期の国内観光

次に認識すべきは、国内の観光が、商品のライフサイクルでいう「成熟期」にあることである。国内観光は、その年の気象や国際政治・経済の変化により多少の影響を受けるが、10年くらいの単位でみると大きな変化はみられない。筆者はこのような状況を「国内観光は成熟期にある」とすでに25年以上

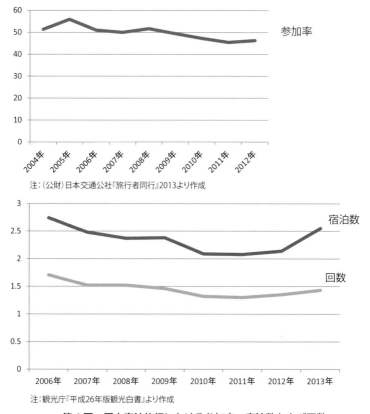

第 6 図　国内宿泊旅行における参加率、宿泊数および回数

も前に指摘した（溝尾、1989）[1]。第 6 図を参照していただきたいが、つまり、宿泊観光旅行への参加率は 50％前後で終始し、年間旅行回数は平均 1.5 回、1 回あたり宿泊日数も 2.5 泊にとどまっている。そのために、曜日別には週休二日制の影響から金曜日への傾斜はあるが、その分、日曜日への宿泊を減少させていることや、全国的なビッグイベントで特定地域に旅行者が集中すると、どこかに空白地域が生じるという、いわゆる国内観光にゼロサム状況が生まれている。全体の総量が変わらずに、週の曜日や地域のなかで全体調整が生じているのである。

　さらに国内観光のみならず、個々の観光地にもライフサイクルがあることを

認識すべきである。1観光地がいつまでも成長をとげていくことはなく、やがてどの観光地も導入期―成長期―成熟期の道をたどり、そして最悪の場合は、衰退期となる。新たな変化が生じて好転すると、ふたたび成長期に向かうこともある。

どの観光地も年々の観光者の増加を望むが、成熟期には観光客の伸び率が前年同様のゼロであっても、前年の数を維持した陰にはたいへんな観光地の努力がある。そのため、これからは実人員の増大よりも、滞在日数と消費の拡大を目指すことが大切で、これまでの個々の宿泊施設や観光施設の努力に加えて、観光地全体としての魅力づくりが望まれる。

## 3.1.3　国内観光地間の競争の激化
### 3.1.3.1　観光地数の増大

国内観光の需要が低迷しているなかで、国内観光間の競争が激化していることも見逃せない。その一つは、以前に比べて国内観光地の数がふえていること。古くは、温泉地・門前町全盛の時代であったが、戦後になると、スキー場、海水浴場、ゴルフ場などのレクリエーション地の増加がみられてきた。スキー場だけでみても、スノーマシンの導入で全国のスキー場数はふえているし、同一のスキー場内においてもリフトの増大、ないしは輸送力の強化がみられた。昨今は、以前は存在しなかったテーマパークの登場、ふるさと創生事業による温泉施設の増大、活性化をめざして観光事業への積極的な取組みをする農山村地域、観光や文化の重要性を認識して、本格的に観光に取組んできている都市。これらの例をあげれば、観光地の多様化時代に、老舗の観光地、とくに歴史のある温泉地が毎年同じ数の宿泊者を維持するのがいかに困難であるかが理解できよう。

### 3.1.3.2　高速交通体系の整備

国内観光地間の競争の激化には、高速交通体系の整備があげられる。これまでは、東京や大阪などの大都市圏を中心にできあがっている交通体系により、大都市から一泊圏に位置する100〜200kmに位置する観光地が有利であった。しかし、近年、地方空港の開設や、高速道路が縦貫道から横断道の整備に

入ってきたことから、新しい地域間交流が生まれたり、高速交通に疎遠であった地域の立地が好転したりして、新たな地域で観光事業が進展している。パック旅行の低廉化により、北海道、沖縄が、東京、京阪神からの近距離観光地と同時競争に変化している。今後とも整備新幹線を含めて、国内の高速交通体系の整備とともに、全国の観光地が同一の立地条件のもとで勝負することになれば、競争は激化し、その結果、観光地の優勝劣敗が明らかになる。

## 3.2　低価格指向の構造

　バブル期に高値指向で営業をつづけてきた、とくに宿泊業において、その反動がきて、低価格指向を強いられている。バブル経済高揚期のころ、宿泊業もただ世間のムードに安易に便乗して値上げしたわけではない。料理、部屋、ロビーや浴室などの質の向上をはかり、その対価としての高額料金の設定であった。利用者もそれに満足していた。むしろ利用者側から、高い料金を要求してきたという異常な状況もみられた。しかしバブルが弾けて、観光者が低価格指向に転換したために、宿泊業者はその変化にとまどいつつも、利用者の指向に対応しなければならない事態に直面した。泊食分離、多泊者向けに2泊目以降の安い料金体系、平日料金の大幅値下げ、宿泊と朝食のみのB&B（Bed & Breakfast）などを提供する旅館の登場などが、その現れである。旅館を含めた国内のパッケージツアーも、安値傾向をたどる海外旅行のパッケージツアーとの価格競争から、価格値下げへの圧力が加わっている。最近では国内外のファンド会社や日本の宿泊成功企業により、全国各地の廃業、倒産、不採算の旅館への買い取りが目立っている。

　じつは、海外旅行においては国内旅行の低価格指向とは違った局面になっていた。海外旅行では、バブル期にも国内旅行が高騰するなかで、すでに低価格路線を歩んでいた。それは、世界的にみればホテル、航空座席の供給に余裕があるため、航空会社・旅行会社それぞれの業界におけるはげしい価格競争、円高による海外旅行の低廉化、格安航空券の一般化、リピーターの増加など、これらが海外旅行商品の低廉化を招いた。そこにバブルが弾けたために、さらに海外旅行では低価格商品の造成が要請されているのである。

## 3.3 今後の旅行動向

テレビや新聞など、いわゆるマスコミから新しい旅行動向が報じられると、そのような旅行が日本中を席巻していると思ったり、そのような旅行に対応していないと遅れをとっているのではと、焦燥の念に駆られたりする。そこで、ここでは最近の旅行動向が、今後さらに伸びていくのか、ある一定の線で止まってしまうのかを見きわめ、最後にすう勢をながめるだけでなく、もっと本腰を入れて伸ばす必要のある観光分野についても、論述する。

### 3.3.1 現在の増加傾向が今後もつづく
#### 3.3.1.1 高齢者、女性のグループ旅行
　このグループは、自由時間を多く有し、観光地や宿泊施設が空いている料金の安い平日に旅行をする。その結果、観光施設の利用の平準化に寄与する。旅行の目的として、ハイキング、自然探勝や社寺参詣、食事に強い嗜好をもつ。「全国旅行動態調査　第8回」(1997)では、60歳代の宿泊観光旅行の参加率は、すでに男子で第1位、女子でも第2位になっていた。高齢化の進展や女性の社会進出により、この層のグループ旅行はますます増大するだろう。課題として、今後高齢者にこれまでのような十分な年金が付与されるかどうかで、高齢者の旅行需要は左右される。

#### 3.3.1.2 温泉への指向
　テレビの影響で若年層に温泉入浴の楽しさを教えた点は評価できる。しかし、若年層は温泉入浴への関心は高いものの、温泉地・旅館にはさほどの関心はない。この点に、温泉地と旅館事業者に錯覚がある。スキー帰りの若者が入浴だけの目的で温泉地に立ち寄ることや、ふるさと創生事業の関連で身近に温泉施設ができたために、高齢者が温泉地までわざわざ行かなくなっていることは、このことを示している。
　医療目的で発達してきた欧米で、ドイツやオーストリアなど一部の国々を除いて温泉地は衰退した。しかし、日本ではもともと温泉治療を目的に成立し

## コラム　商品造成と購入者特性分布

　下記の図は、ロジャース（E. M. Rogers）の有名な新商品購入者の購入特性別分布である。この正規分布の考えは、さまざまに活用できる。

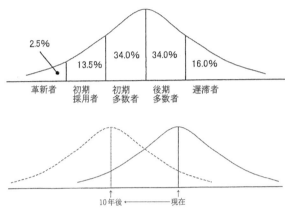

　たとえば、東京圏を市場とした旅館は、東京圏の人口規模が大きいから、革新的旅館が2.5％を相手にしても、3,300万人×0.025＝82.5万人の需要があるので、個性ある旅館が成立する。一方、安くて、サービスや施設の悪い旅館でも、安ければいいという客が3,300×0.16＝528万人も存在する。

　初期多数者にあたるのは、平均より半歩先へいった旅館であり、規模の大きいや質の高い旅館、後期多数者に該当するのは半歩遅れている旅館で規模は大きく、質がふつうで、比較的安い旅館である。半歩遅れていても、半歩先へ行っている旅館と同じ量の市場を相手にできる。

　旅行業者にも適用できる。高額者（革新者）対応は、朝日サンツアーズ、ユーラシア旅行社、ワールド航空、やや高額者（半歩先多数者）はJTB、やや低額者（半歩後多数者）は躍進著しい阪急トラピックスになる。

　ところで、5年後、10年後には、需要側（利用者）の生活水準が向上したり、旅行経験が豊富になったりしてくると、現在の需要分布のカーブが前に動く。旅館はそれに対応しなければいけなくなるから、10年ごとに改築が必要になる。半歩遅れの多数者を相手にする場合でも、前へ進まないと、多数者を相手にできなくなり、16％の遅滞者対応になる。

　北海道や九州では、1泊圏に大市場が存在しないから、大阪や東京などの大市場からの客も相手にしなくてはいけない。しかも旅行業者への依存度高くなる。となると、マス対応になったり、あらゆる客層にも対応したりしなければならなくなり、比較的大規模な旅館がおおくなる。グラフは以下のようになり、中心点に集中してくる。

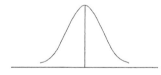

　観光対象が自然資源のときは、それほど人による差が生じないので、北海道・九州型のカーブになり、人文資源のときは、関東・近畿型のカーブになる。人文資源の評価は、その人の情報量、関心度合いに左右されるからである。

ている温泉地はきわめて少なく、温泉入浴で心身ともにリラックスするという日本人の温泉嗜好は、世界のどの国民よりも強いので、この傾向が廃れることはない。むしろドイツでは、1996年の健康保険制度の見直しにより、温泉治療に対する健康保険の自己負担率が高くなるとともに、クア療法も3年に1回4週間が、4年に1回3週間に短縮されたので、温泉地への来訪が減っている。そのため、日本的な温泉のレクリエーション利用や美容・エステに活路を見出して、温泉地の魅力を新たに創出しているところがみられる。くり返すが、日本では「温泉」への強い指向はつづくが、温泉「地」を指向するかどうかは別の問題である。

### 3.3.1.3 都市観光地の隆盛

都市が観光地として注目されている。札幌、福岡、横浜、神戸が近年若者にトレンディなあこがれの地になっている。さらに大都市でも、大阪市と東京都が観光産業の振興に積極的な取組みを開始した。これまで都市は公害イメージが高く、都市住民が自然にあこがれて地方に旅行していたが、都市がいまや環境を重視し景観をも考慮しつつ、生活に力点を置いた都市づくりに転換して、人の集まる、人と人との交流を意識した都市の魅力創出に力を注いでいる。財政、人材、資源、すべてにまさる都市が観光振興に方向を転換したために、既存の観光地には脅威となっている。

## 3.3.2 現状から脱却する
### 3.3.2.1 スキー場地域

スキーリフト利用者のデータを見ると、1990年から95年までは、91年の7億5千万人をピークに、7億4千万人前後を維持していたが、96年から急激に落ち込むが、それでも99年までは5億人台を維持していた。それがさらに2000年から落ち込み、06年には2億92百万人となった。09年から3年間は、落ち込みながら2億7千万人前後となって、安定してきている。

このことから、かつてのボーリングのように現在残っているスキー場が、需給曲線の交差点、需要安定期と考えるのはどうだろうか。この辺りをスキーリフト利用者の需要限界とみて、以前のような若者がふたたび増加する時代はも

うないと考えたほうがいいだろう。

　いまの若者には、スキーにファッション性はなく、逆に山岳部のような辛いレクリエーション、お金のかかる金銭消費型であったがために同じお金を使うならばと、携帯電話（いまは iPhone）や海外旅行に敗れてしまったのである。それよりも、若者、中年、高齢者、こどもづれの家族、外国人、さまざまな人が訪れ、スキーとスノーボードーでゲレンデやクロスカントリー、あるいはスノーシューやスノーモービルで雪原、ただ雪を見る、雪国の生活を知るなど、多様な雪の楽しみ方をしている時代になったと理解する。スキー需要が現状のままで推移するとして、これからはスキー場の資源特性によって、地域では年間のサイクルを考えてはどうだろうか。

　1のタイプ：景勝地のスキー場。例：蔵王、妙高高原。昔のように夏秋中心に、冬はスキーと言ったリゾートに切り替える。

　2のタイプ：夏ややすずしいが景色は平凡。例：苗場、戸狩（飯山市）。グリーンツーリズムとの2面作戦を展開する。

　3のタイプ。ごく平凡な雪国。春から秋は従来通り、農林業中心で、冬は雪を使った各種の楽しみ方にする。


### 3.3.2.2　海水浴場地域

　スキーほどではないが、海水浴利用者も減っている。ここでも主流となる若者や家族連れの若い人たちの来訪が少なくなっている。そのため、民宿を主体に発展してきた1季型観光地では地域経済に与える影響は大きい。

　日本のスキー場では中高齢者が楽しんでいるが、海水浴場地域ではそのような傾向はみられない。欧米では中高齢者は日光浴を兼ねて長期滞在している。

　しかし、日本でも海の利用をみると、女性・家族の遊漁船利用の魚釣り、若者中心のサーフィンやダイビングが盛んになっている。需要側が主導権を握っている感じで、供給側が呼び込んだ形ではない。

　この動向からこれまでの1季型、海水浴依存体質から脱却して、すでに利用者が増大しつつある活動の、海水浴、遊漁、サーフィン、ダイビングを年間通じて受入れるよう計画する。日本では世界的にめずらしい漁業権が多くの海域で設定されているため、漁協の協力が前提になる。マリーナのある地域でも、

マリーナだけで孤立しているので、マリーナを取り込んだ賑やかな楽しい地域づくりにする。

あらたな提案として、日光浴とともに海風にあたる、汀線を歩く健康法を採り入れる。さらに、海辺の一角にバーベキュ炉を設置して、夏以外の海辺での利用の促進を図ること。

海産物の販売、海鮮料理の提供はとうぜんのことである。最後に、海からみた景観、駐車場あるいは駅から海辺にいくまでの心地よい景観・楽しさを創り上げることが望まれる。

### 3.3.2.3 クルーズ産業

クルーズは新造客船の供給が先行した形であったが、需要も増加してきてようやく日本に定着してきた。しかし米国と比較してまだその参加率は低く、現状は利用者が固定化して、新規需要が少ない。

いまの主体となっている客層は年金受給の高齢者である。年金が減額になる状況から、今後このような高齢者を期待できるのだろうか。しかし、ライフスタイルの異なる次の高齢者世代はクルーズへの関心はいままで以上に高くなるであろうし、長期休暇制度が導入されれば、家族、若者の世代でも伸びる可能性もある。

クルーズ利用者が増大しても、クルーズ船が日本発着か外国発着か、日本船籍か外国船籍の船であるかによって、国内のクルーズ企業の経営は変わる。動くリゾートであるクルーズが軌道に乗ったときに、日本の観光が成熟したといえる。

### 3.3.2.4 テーマパーク産業

わたくしはすでに営業中のテーマパークでかなりのものが生き残れないといってきた[2]。そののち、芦別のカナディアン・ワールド、香川のレオマワールドなど、各地でテーマパークの閉鎖、休業が相次いだ。その原因は、計画があまりにも安易であり、物まねが多すぎるからで、営業している施設をいくつか訪れたが面白くない。つまり、基本コンセプトの水準が低いのである。

2001年から登場したユニバーサル・スタジオ・ジャパン、東京ディズニー

ランドにディズニー・シーを加えた東京ディズニーリゾート（TDR）は、世界の一流企業であり、みずからの企業商品としてテーマパークをつくっていくのに比較して、企業の起死回生策を図るために、企業のなかにプロジェクト・チームをつくり、コンサルタントを加えてつくった日本のそれとの質的水準の格差は歴然としている。

アメリカにおいてテーマパークがカリフォルニア州南部とフロリダ州の暖地に集中しているように、気象条件がテーマパークには重要であるのに、日本では気象条件はあまり考慮されていないのも問題である。自社の所有地の有効利用を図ろうとしたり、主幹産業が衰退したため、地域振興の一環として、行政がテーマパーク事業を導入したりしてきたが、そのときにテーマパーク産業としての立地優位性の有無が考慮されていないのである。

営業上、なによりもテーマパークはリピーター率を高めることが要件になるが、そのためには絶えざる智恵と資金の投入が必要である。投資が継続され、常に話題と新鮮さを提供しつづけることができるかどうかである。そうした中、長い間不振をかこってきたハウステンボスがHISの沢田会長を迎えて、起死回生を図ったのは明るい話題である。

今後も日本のテーマパークは、超大型の東京ディズニーリゾートを筆頭に、ユニバーサル・スタジオ・ジャパンとハウステンボスが牽引していくという構造は変わりないだろう。

### 3.3.2.5　旅館産業

温泉地の代表的宿泊施設であり、世界で独特なシステムである旅館は江戸時代半ばから日本の宿泊施設の中核をになってきたが、ついに1980年の83,226軒をピークに年々その数は減少し、2013年に44,744軒になってしまった。しかもその数はまだ減るのではないかといわれている。それでは今後旅館はどのようにみずから変革していけばよいのだろうか。

宿泊施設に長期滞在するようになると、これまでのような大量かつ豪華な食事は必要なくなる。すでに次のような新しい動きが出てきている。

① 宿泊と手間のかからない朝食だけを提供するB&B（Bed & Breakfast）方式。昼食と夕食は外の飲食店ですますか、あるいはヨーロッパの農家民宿

のように炊事施設付の部屋を提供して、料理は自分たちでする。これまで1泊だから、旅行に来てまで食事の用意をするのは、とくに女性にとっては日常の延長であるため嫌であり、あてがいぶちの食事を喜んで受け入れた。長期となれば、毎日、豪華な食事を摂る予算もなければ、そうした料理を食べる嗜好もなくなり、自分たちの好みの食事をつくるか、外で食べるかの選択になる。

② 多泊者を優先とした料金体系を設定する。2泊目、3泊目となるにしたがい宿泊費を安くしていくか、多泊者は1泊者より、1泊あたり料金を安くする。

③ 泊食分離の体系。これは食事を提供しないのではなく、食事と部屋の料金を別々に明示することで、好みの部屋と食事を選択できるようにすることである。逆に2食つきを予約段階から希望するときは、宿泊と食事を合算したよりも安くして、2食付き宿泊者を優遇してもよい。

④ 外国人の旅行者がこれまで以上に増大するので、1、2人客も、快くよく受け入れること。ビジネス目的の外国人旅行者は高額ホテルに宿泊する一方、日本を知りたい旅行者は低廉の宿泊施設に長期に滞在している。

⑤ 旅行業者やネット業者により、旅行者はネットから直接宿泊施設を予約する傾向が強くなっている。旅館業は今後、ホームページや予約に関する情報を自ら提供しなければ、生き残りは困難だろう。

しかし旅館も、立地により、相変わらず1泊、団体旅行の旅行者が主力なところもあるだろうし、宿泊料金の低廉化が叫ばれるなかで、日本文化の体現としての付加価値の高いサービスを提供する高額旅館も好まれるなど、従来型の旅館も存続していくだろう。要するに、旅行者の対応に宿泊施設が多様化していくなかで、旅館はこれまで以上に自らの商品イメージを明確にし、利用者にわかりやすいサービスと料金を提示することである。

### 3.3.3 本腰を入れ、発展させる

下記5事業はいずれもヨーロッパで展開されているのを日本にも導入したのであるが、ややそれらの本質を忘れて安易な展開がされているように思える。そうした意味から、本質を理解し本格的に取組むよう望みたい。

3.3.3.1　グリーンツーリズム

　グリーンツーリズムへの取組みが中山間地域で試みられている。日本の農林業の規模では国際競争に打ち勝つことは困難であり、日本の農林業に明るい材料は少ない。そこで、農水省は平野部よりさらに農業振興が厳しい中山間地域に、グリーンツーリズムとしての地域整備を進め、都市からの観光者を増大させる方策を奨励している。

　しかし交通条件、気象条件、景観、農家による観光者の受け入れなど、グリーンツーリズムの成立には多くの課題を抱えている。現在、話題を集めているのも、市場側が主導権を握って、日帰りや1泊程度の短期間に、農業体験を実施しているからである。それでも徐々にではあるが北海道、長野、熊本、大分などの地域には、好ましい状況も生まれている。この点については、あとで詳述する。

3.3.3.2　エコツーリズムとエコミュージアム

　観光と自然保護・活用との調和をはかるエコツーリズムが、特にアフリカや中米で盛んである。もともと、開発途上国の自然を守る代償として、開発国が途上国に旅行して代価を払う形で発展したこともあり、日本ではエコツーリズムの適地が少ないこともあるが、日本人が日本のエコツーリズムの地を訪れる旅行商品となると、ガイド付きで時間をかけ、旅行費が高くなるので、駆け足旅行の多い日本の旅行商品では思うように発展していない。沖縄の商品をみても、エコツーリズムとうたわずに、自然豊かという表現で商品化している。しかし、このたび国立公園になった慶良間諸島の海の美しさ、西表島の自然の豊かさなどは、エコツーリズムとしてしっかりと商品化することを望みたい。白神山地、屋久島、知床、小笠原では、世界遺産という名のもとに、エコツーリズムが展開されている。

　エコミュージアムはまだ日本ではそれほど認知されていない。フランスで発達したが、自然と文化の双方を組み入れて、地域全体を理解しよういうもので、日本では山形県朝日町が早くも1989年にエコミュージアム研究会を設立し、95年にエコミュージアム研究機構を設置、99年にNPO朝日町エコミュ

ージアム協会が発足するなど、順調に推移している数少ない例である。

### 3.3.3.3　産業観光と産業遺産観光

　産業観光に農業関係を含めることもあるが、農村・農業はグリーンツーリズムに関連するので、ここでは二次産業、工業を中心に考える。企業では、見学者用に駐車場、トイレ、見学コースなどの受け入れ態勢を整備する。企業では知名度アップ、企業名や商品に親しみをもってもらうほかに、菓子や酒類関連の企業では売上げ増進にも寄与するプラスがある。旅行者側は、製造工程を初めてみる学びのほかに、飲・食の楽しみがある。先進的・近代的企業や日本各地で見るのができない地場産業、飲・食を提供できる企業が産業観光に取組んでいる。

　常滑市では楽しい「やきもの散歩道」を整備している。ジーンズ産業が盛んな倉敷市児島では、来訪者がジーンズ縫製の一部に参加したり、商店街をジーンズ通りとしてジーンズ販売の店舗も多数出して販売したりしている。工業都市川崎市や倉敷市水島などは産業景観を夜景として売り物にしている。

　産業遺産観光はヘリテージツーリズムともいわれ、昔の栄華な時代や先人たちの技術をつたえるもので、世界遺産となった島根県石見銀山、群馬県富岡製糸場はその代表であり、そのほかにも、長崎県の軍艦島（端島）、佐渡の金山、さいたま市の鉄道博物館が人気がある。群馬県の信越線横川駅付近には、機関車や電車を集めた碓氷鉄道文化むらやレンガ造りの碓氷第3橋梁、アプト式の廃線などに鉄道遺産が楽しめるようになっている。

### 3.3.3.4　コンベンション産業

　日本では当初コンベンションというと会議・学会の開催を意味して、かなり狭い範囲にとらえていたが、最近ではMICEという用語が普及し始めている。
　MICEとは、
　MがMeeting Business ミーティング・ビジネス。協会・学会など組織団体が開催する総会・大会・シンポジウム、企業が主宰する会議・研修会・セミナーなど。
　IがIncentive Market インセンティブ・マーケット、企業が国内外の販売代

理店や取引先などを招待して、報償会議や工場視察などを行うこと。企業報奨・研修旅行と呼ばれる。

　Cは、Congress/Convention　国際会議。学会や産業団体、政府等が開催する大規模な会議。

　Eは、Exhibition/Exposition/Event　国際見本市、展示会、博覧会など。スポーツ・文化イベントなどもふくまれる。

　MICEの地域に与える影響を考えると、参加場所は主催者が決定し、来訪者はコンベンションが目的で来訪地域が目的ではない。しかし、長く滞在することで、初めてその地域を知る。地域に好感をもてば、口込みで他の人に伝えるし、個人であるいは友人と家族と、再来する。MICEは何よりも、知らない人と知り合う利点もある。

　問題は、コンベンションの目的地にいかにして選ばれるかである。会議施設や展示施設が存在するのを前提に、宿泊施設が十分にあり、会場往復の交通の便がよく、長期間滞在して楽しいまちであるかである。MICE参加者を暖かく迎える雰囲気が、宿泊施設や商店や地域の人々にあり、会議前後のツアーや会議中、会議に参加しない女性など向けのレディス・プログラムが充実しているなどが、重要な点になろう。

　何よりもコンベンション・ビューローがあり、その人たちが専門家であり、長期に勤務し、さまざまな分野の人たちと顔なじみになっているのが重要である。

　欧米では、コンベンションが都市の盛衰を握っている。欧米に百年遅れてコンベンションに取り組んだ日本はいまだ欧米に追い付いた気配はない。欧米には、施設を買い取って企画・運営するコンベンション・オーガナイザーが存在するし、アメリカでは高度の会議運営技能を持ったミーティング・プランナーになるに資格認定制度がある。

　日本では都市や観光地がそれほどコンベンションを重視していないのは、観光協会がすでに存在しているからである。しかし、観光協会がそれほど強力であるところは少ない。むしろコンベンション協会と一本化して、コンベンション・ビジターズ・ビューローのような組織に早く衣替えをしなくてはいけないだろう。

### 3.3.3.5　リゾート

　リゾートに逆風が吹いた。たしかにこれまでのリゾート開発と称するものには問題が多かった。経済至上主義を反省して、心の豊かさを求めてのリゾートライフをいかに楽しむかといった原点を忘れて、相変わらずの金もうけの発想から、ディベロッパーも国民も、そして地域においても、リゾート開発に期待したことに問題がある。しかし、国民の休暇は着実に増加して、将来においては、1、2週間程度の長期休暇制度も導入されるだろう。再度、リゾートについての問いなおしを図り、真のリゾートの構築を図ることが必要である。この点についても、次章で詳述する。

注
1) 1989年、「観光」No.268、pp.7-11では、参考文献に示すように、表題は「観光地のライフスタイル」になっているが、「観光地のライフサイクル」が正しい。当時、筆者は新発見と自認していたが、学界ではすでに9年前にR. Butlerが1980年に、観光地のライフサイクルを発表していた。
2)「国際観光シンポジウム'96―21世紀のテーマパークを考える」(1996.12)でコーディネーターを務め、発言する。


**参考文献**

内閣総理大臣官房審議室（1997）:『全国旅行動態調査　第8回』　446p.
溝尾良隆（1989）:「観光地のライフスタイル」観光　No.268　pp.7-11.
世界テーマパーク＆リゾートフェア'96実行委員会（1996）:「国際観光シンポジウム'96―21世紀のテーマパークを考える」世界テーマパーク＆リゾートフェア'96実行委員会　28p.

# 第4章

# 四タイプ観光地の課題の解決を図る

　前章からさらに四タイプの観光地をとりあげた。本章では、第一に、開発が酷評を受け、省みられなくなったリゾートについて。リゾートは、豊かな時代には必要であり、そのためには、いかにしたら再生できるかについて検討する。次に、現在注目を集めている中山間地域におけるグリーンツーリズム、そして第三に都市地域における都市観光について述べ、最後に歴史のある、これまで日本の観光を担ってきた温泉地について述べることにする。

## 4.1　リゾートへの再出発

### 4.1.1　リゾート事業における問題点

　1988年に施行された総合保養地域整備法（通称リゾート法）がマスコミや国民の間では、国土の環境破壊の元凶という悪玉にされた。そのために節操なくはやばやとリゾート推進室の看板をはずした県が多々みられる。たしかにリゾート法に一部問題はあったものの、リゾート法がバブル経済の浮かれた時期に重なったことも不運であった。

　リゾート開発がなぜ国土破壊につながったのか、リゾートがなぜ思うように整備されなかったのかについて、筆者は各所ですでに述べてきたので[1]、ここでは簡単に、リゾート開発の根底に内在していた問題点を列挙する。次の6点である。

① 財テクに走った国民—利用目的のないゴルフ会員権とリゾートマンション

の購入がその例。
② 不動産事業に走ったすべてともいえる企業。
③ 農林業に先行き不安をもち土地を容易に手放した対象地域の人たち。
④ 真のリゾート事業がわからないままに、乗り遅れまいとリゾート法の承認を急いだ自治体。
⑤ 指定以降は自治体に任せて、次々と交替する中央省庁の責任者たち。
⑥ リゾートへの利用促進の前提となるべき長期休暇制度の未整備。

　ここではこれまでふれていなかった問題点をすこし補い、むしろこれから仕切りなおしをして、いかにリゾート事業を再出発させたらよいかを論じたい。

　上述したリゾート開発の問題点のほかに、新産都市、テクノポリスで失敗した相も変らぬ方式、すなわち、中央省庁が指定要件を定めて、その指定に奔走する自治体の姿、これがリゾート法にも採用された。

　1962年の新産都市・工業整備特別地域制度に基づく「新産業都市建設促進法」では10ヵ所の指定予定のところを、猛烈な指定合戦を演じて44ヵ所が名乗りあげて、最終的には15ヵ所が指定され、追加として6ヵ所が工業整備特別地域に指定された。1983年のテクノポリスも1ヵ所の重点地域とする当初計画に40近くが名乗り出て、26ヵ所の指定となった。そのテクノポリスは乏しい雇用効果と重い自治体の負担という課題を残しつつ、先端産業都市は幻となり、1998年に15年でテクノポリス法は廃止になった。新産業都市建設促進法は2000年度になってその役割を終了した。これらはむしろ長すぎたかもしれない。

　リゾート法も承認をめぐって同じ轍をふむことになった。施行後すぐに、福島県、三重県、宮崎県が第一号の指定を受けた。そのあとの各県は、まず県内で指定地域に決定するまでに市町村間ではげしい運動をくり返しつつ、一方で国土庁の承認を早く受けよという県議会の追求を浴びつつ、各県は指定の獲得に急いだ。県行政にはリゾート推進室が設置されて、華々しくリゾート事業はスタートした。しかしそのとき、県・市町村ともに、法律が施行されなければリゾート開発をしようという姿勢はなかったし、施行されてもほとんどの自治体はリゾートの必要性・重要性を理解していなかったのではないだろうか。市町村においてはリゾートという言葉すらわからなかったとも思える。

それにしても、外部民間企業の誘致や土地にかかる規制解除だけに躍起になり、誘導はあっても「規制」を考慮に入れなかったのは問題である。本来、ある一定の規制のもとに進出企業に恩典をあたえて企業を誘導するのが望ましい。つまり、全体の土地利用計画、景観計画、地域振興計画が策定されたうえで、リゾート開発を受け入れるべきであった。

　さらにもう一点、決定後の話であるが、バブルが弾けたために利用者が思うようにふえないために経営が悪化しているという話が多々あったが、これも問題は別のところにある。計画段階で明示された需要予測、消費単価そのものが、「需要」の予測ではなく、投資に対して採算が合うような希望数値、単なる数字合わせ、よく言えば努力目標値であった点がみられる。予想よりも利用者の少ないことをバブルが弾けたことにしているが、バブルが弾けなくてももともと無理な数字であった。むしろバブルが弾けたので、言い訳ができてほっとしているのではないか。開業後評判の高かった宮崎のシーガイヤが倒産して大きな話題を集めたが、筆者は開業1年前に相談を受けた際、その数値のいい加減さを具体的に指摘したが、そのときすでに開業へ向けて走り出しており、彼らはもう手なおしをすることができないという状況であった。

### 4.1.2　リゾート整備への再出発

　日本でリゾートを展開するのは無理がある、国民の意識がかわらないとダメだ、欧米の真似をしないで日本には日本人にあった日本型リゾートがよい、といろいろな意見が反省材料として出されている。昨今は環境にやさしいグリーンツーリズムがよいのではと、農水省はわが守備範囲とばかりにグリーンツーリズム事業の推進に乗り出してきた。いずれにしても、これまでの世の中の論調はどちらかというと、リゾート不要論が強い。

　しかし、世界で有数な経済大国になった日本は、経済至上主義を執拗に追求する姿勢を転換して、心の豊かさを求めて、豊かな生活を実現する場の一つとしてのリゾート整備に心がけるべきではなかったのではないか。リゾート事業の主幹官庁である国土交通省を中心にして、低廉な旅行を実現する方策が提案されてきているし、JR東日本も新しい概念の低廉宿泊施設を展開している。日本人は1ヵ所のリゾートで長期に滞在する嗜好はないという意見があるが、

原重一（1997）は、「ハワイでは日本人はリゾートライフを満喫している。国内にはリゾートがないから国内でリゾートライフを楽しまないだけだ」と指摘する。

　日本にリゾートは必要なのであって、利益追求だけでリゾート事業に群がった企業を追い払うことができなかったことが問題なのである。このことを考えると、リゾート開発の抱えた問題を容認した地域の住民と行政の姿勢も問われなければならない。地域においては、これまでのリゾート開発の反省に立って、豊かな自然環境を活かした土地利用計画を確立したうえで、リゾート事業を導入する。厳しい状況のなかで宮城県など着実にリゾートを推進している県があるし、経営は厳しいものの新潟県十日町市の当間高原とサミットが開催された沖縄県の部瀬名は、当初どおりの遠大な計画を実現させている。

　結果的に県内に1ヵ所のリゾート地域の指定になったために、日本全体からの適地の選択ではなくて、県内という狭い範囲からの適地の選定にしたために、リゾート事業に必須の気象条件への配慮が不足していたことや、地域ごとに市場条件と自然条件が異なるにもかかわらず、画一的なリゾート開発が進められた問題もある。イギリスやドイツ、オランダの海浜リゾートが、チャーター機利用による安い海外旅行の登場によって、地中海地域のリゾートに敗れさったのも、気象条件の差と滞在費の安さによる。気象条件はリゾート事業が通年に安定した経営が可能であるかどうかとも関連する。気象療法という健康の側面からも重要な、気象条件が日本では軽視されている。作家水上勉が大手術のあとに体によいと長野県北御牧村を選び悠悠自適の生活をしたのも、同様に大病されたエッセイスト玉村豊男が、湿気の多い軽井沢から転居し、水上勉が生活する北御牧村とは千曲川の対岸になる東部町を選んだのも、健康と気象の関係が大切であることを示している[2]。北御牧村と東部町は合併し、東御市になっている。

　グリーンツーリズム以外にリゾートの望ましい姿はないようにいわれたが、リゾートにはさまざまなタイプがある。フランスのラングドック・ルシオン地域のように、大衆利用の目的に、国家をあげて地域内に複数リゾートをつくりあげ、それぞれが連携して、もっとも経済的に遅れていた地域を躍進させた例もある（ラシーヌ、1987）。また、多数の企業が集合してリゾート地域を確立

写真2　サミットが開かれた沖縄部瀬名リゾート

したオーストラリアのゴールド・コーストやハワイのワイキキ海岸、一社一リゾートの日本の安比高原やトマム、そして農村リゾートなど。これまでリゾート計画を推進してきた地域や、これからリゾート事業を計画している地域においては、まずどのようなタイプの内容、規模のリゾートを推進するか、どのくらいの時間をかけて事業化にこぎつけるかを再検討すること。それには地域の気象を含めた資源条件と交通・市場条件から検討する。そのことにより、誘致力の強弱、通年性営業の可能性の有無が判断できるからである。

　日本で国際的なリゾートとなりうる地域は、海浜リゾートでは気象条件に恵まれている沖縄と小笠原、山岳リゾートでは景観の優れた北海道、中部山岳・富士山地域、スキー場が可能な地域であろう。しかし、国民のためのリゾートづくりも急務の課題である。新規開発よりも、既存観光地である温泉地や海水浴場地域、スキー場地域、国立公園地域において、長期間滞在したくなるような感動を得る美しい地域整備が望まれる。開業後は、来訪者が感動し、満足す

る、美しい景観づくりや運営に努めることである。熊本県小国町、由布市由布院、愛媛県内子町、南丹市美山、豊田市足助、長野県野沢温泉村、神奈川県真鶴町、群馬県みなかみ町新治、山形県金山町などは、しっかりとした指針をもち、リゾートの波にもまれることなく美しいまちづくりを推進している。新治村（当時）はリゾートの重点整備地区に指定されたが、開発指導要綱、景観条例、農村公園構想を次々と打ち出し、リゾートマンション計画を撤退させ、農業と観光との密接な連携を図っている。地域のイメージにふさわしい伝統的な新治型住宅の建設にも取組んだ。村（当時）の方向性を明らかにして、外部からの不動産開発的な事業を排除してきたのである（溝尾、1996）。

　リゾート地域でのんびりと心のやすらぎを得るためには、これまで述べてきたリゾート地域の整備とともに、長期休暇制度ないしはまとまり休暇の推進が、車の車輪として必要なことである。この点については第5章で詳述する。

## 4.1.3　イギリスの海浜リゾートの盛衰
### 4.1.3.1　外国リゾートとの競合

　1960年代、イギリスのリゾート滞在者のうち4分の3が海浜リゾートに滞在し、このころはまだイギリスの海浜リゾートの繁栄期であった。それがその後の航空機の発達、わけてもチャーター制度の導入に伴う海外パッケージ商品の開発により、イギリスよりも気象条件がよく、滞在費も安いスペインなど地中海地域の海浜リゾートにイギリスの海浜リゾートは完敗した。イギリスの海浜リゾートの多くは、昔日の面影がない。ブライトンやトーキイは現在体質を改善中で、そのなかでブラックプールだけがひとり気を吐いている。

　それでは将来、日本の海水浴場地域・海浜リゾートは、イギリスと同様の傾向を示すのだろうか。そうとは考えられない点がある。日本人は、イギリス人ほどには海浜リゾートへの指向が強くないことがその一つ。近距離のアジアへの旅行をみても、中国やネパールへの自然風景地、歴史、文化、芸術、買い物、食事を求めての都市観光地への好みが強い。もちろん、タイのプーケット、インドネシアのバリ、ハワイ、オーストラリアのゴールドコーストへの若者・家族を中心とする旅行者は多いが、海浜リゾートに、都市や文化的対象が加えられているのが必要である。欧米旅行者の海浜リゾートでの過ごし方とはまた少

し違うようである。もう一点、日本の海水浴場は、沖縄を除けばもともと日帰り、1泊型で、リゾートではないから、イギリスの海浜リゾートのような打撃は受けないだろう。利用者も子供連れの家族と若者に特化して、高齢者の利用がみられない。国内旅行全体をみれば、日本人は温泉に強い嗜好をもっているし、日本人の温泉の楽しみ方は独特だから、温泉地が国内旅行のかなりの下支えをするだろう。

　だからといって、日本の観光地が国際的なリゾートを指向する必要がないとはいえない。英国でも、華やかだったブライトンがマリーナや国際会議場、ショッピングセンターを建設して、次の時代のリゾートへ再出発している例があるし、イギリスのリビエラといわれるトーキイについて作家アーチャーは「イギリスの観光地はもっと体質改善しないとだめだ。だれもがフィッシュ・アンド・チップスを望んでいるわけではない。」と指摘し、洗練されたリゾートをつくれと主張する[5]。

### 4.1.3.2　ブラックプールの盛況[6]

　イギリス、ドイツ、オランダの海浜リゾートが低迷ないしは衰退し、リゾートの体質改善を迫られているなかで、イギリスの海浜リゾートの一つであるブラックプールは、19世紀半ばから終始一貫、国内の労働者相手の大衆的なリゾートを今日まで継承し、さらに発展を遂げている。イギリスの海浜リゾートの空洞化問題を感じることのない唯一の例かもしれない。

　ブラックプールの例は、日本において海外旅行への指向がますます強まってきても、行政と民間が一体になり努力すれば、観光地として生き延びていくことを示唆する。長期滞在用には夜の楽しさを、太陽がさんさんと降りそそがない時期にはイルミネーションの演出で、観光地としての楽しさを演出している。

　ブラックプールは、イギリスの中央部、リバプールの北、大西洋に面し、年間に1,700万人の観光客が訪れている。このうち宿泊は約700万人、残りが日帰りである。ブラックプールにはギリシアへの観光者より多くの人が訪れ、宿泊収容力の12万ベッドは、ポルトガルの総収容力を超えている[7]。筆者がマンチェスターからブラックプール行きのバスに乗ったとき、バスの客のほとんどが高齢者の人たちで、まさかブラックプールまでは行くことはないだろう

第4章 四タイプ観光地の課題の解決を図る

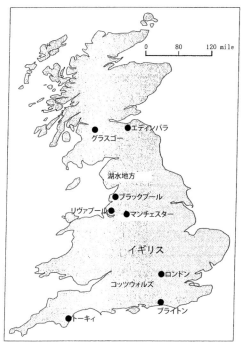

第7図 文中のイギリスの
主な海浜リゾートと観光地

写真3 ブラックプールを象徴する
ブラックプールタワー

と思っていたら、途中でもう一つの海浜リゾート、サウスポートへ一部の人は乗り換えたが、多くはブラックプールで降りたのには驚いた。たしかにブラックプールの街には年寄りがめだつ。バスではほとんど見かけなかった若者や家族は、乗用車で来ている。1987年に行った調査によると、15～34歳代が36％、親と一緒に来ている14歳未満が13％で、この世代でほぼ半分になるが、45歳以上が37％も占め、日本の海水浴場と比較すると、年寄りが多いことが大きな特徴である。彼ら、彼女らは、昼間は浜辺で日光浴をし、夜はさまざまなショーを楽しんでいる。

　ブラックプールの海浜リゾートとしての歴史は古く、1780年に4ホテルがすでにできていたが、1846年の鉄道の開通がリゾート化への促進となった。1870年代後半から行政が積極的にリゾートとしての整備や宣伝に乗り出して

写真4　楽しいイルミネーション期間中の飾り付け

から、宿泊客がふえはじめた。当時、行政が観光に積極的に関与するのは珍しいことであったという。公園、図書館、美術館、博物館、運動場、水泳場、プロムナードを整備された。鉄道の維持費と宣伝費への充当を目的に、宿泊者から一泊につき2ペンスを徴収していた。開業以来、今日まで大規模かつ洗練されたショーを演ずるウィンター・ガーデンズもこのころの開業。イギリス独特の娯楽センターの機能をもち、現在に残る3本の桟橋は、すでに1893年までに整備された。翌94年には、エッフェル塔をまねた、いまでもブラックプールを象徴する158mのタワーを完成させている。

　イギリスの産業革命の中心地であった、ヨークシャー、ランカシャーの労働者向けに宣伝をして集客に努めてきた。1890年代には、ブラックプールには年間ですでに300万人以上の観光者が訪れていた。1881年の人口2,989人が、1911年には58,371人にふくれ上がり、都市としての体裁も整ってきた。1891年に全戸の34.6％が民宿であったというから、すでに観光都市であったといえよう。労働者相手のリゾートで、騒々しく庶民的で、かつてはスリや売春が多かったが、取り締まりも寛大であったという。

　最近でも、若者向きに、アメリカ西部を表現した「ワイルド・ウエスト」

第 4 章　四タイプ観光地の課題の解決を図る　　59

写真 5　海水浴風景と特徴あるピア

に 4,000 万ポンド、ボブスレーを楽しむ「アバランチ（The Avalanche）」に 250 万ポンド、大プールをもつ「サンド・キャッスル（砂の城）」に、1,600 万ポンドと投資が行われて、魅力アップに努めている。「プレジャー・ビーチ」は、年間に 720 万人を集める英国一のアトラクション施設で、約 17ha の敷地のなかに、145 の乗り物を集め、その一つであるローラーコースターは、高さ約 75 メートル、速さ 140km/ 時で世界一を誇る（当時）。

　ブラックプールを特徴づけているもう一つの顔は、小型ラスベガスといった感じの、一流スターが出演する劇場の存在である。総計 2 万 8,000 席を擁する 14 劇場でのショー、30 軒のディスコとクラブがある。なかでもウィンター・ガーデンズのオペラハウスは 3,000 席をもつ英国随一の施設といわれているし、グランド劇場は 1894 年に開業して、一時閉鎖され、1981 年に事業を再開したイギリスの美しい劇場の一つにあげられている。

　月別のデータは不明だが、イースター（3 月下旬〜 4 月上旬ころ）からイルミネーション終了の 11 月 5 日までをホリデイ期間と定めて、この期間に 87％の観光消費が行われるという。名物のイルミネーションは、海水浴が終了する 9 月 1 日から 2 ヵ月間、オフ対策としてプロムナードを光で埋めて観

光者の誘致をはかったものである。これは1912年から始まっている。
　国内の旅行者で伸びてきたブラックプールに新しい動きが出てきた。95年にロシアからのツアー客が夏だけで2,000人訪れた。外国人が訪れるのは珍しいことで、これはブラックプール側からのセールスが功を奏したのである。ロシアからの旅行者はモスクワからマンチェスターまで来て、ブラックプールに直行する。これを契機に、今後どのようにして外国人観光客を受け入れていくのかを注目したい。

## 4.2　日本のグリーンツーリズムの課題と展望

　昨今、注目されているグリーンツーリズムは、中山間地域の振興や自然との共生の観点から望ましいという立場を筆者はとる。しかし、整備の動機が農水省主導できただけに、リゾート法同様に、主体性のない自治体もみられ問題がないわけではない。現段階のグリーンツーリズムについて、考察したい。

### 4.2.1　グリーンツーリズム、登場の背景

　リゾート開発があまりにも大規模でハード的すぎるという批判を受けて、反面教師の立場から環境に共生するリゾート事業としてグリーンツーリズムの考えが導入された。農業を営みつつリゾート事業を展開しようとするものである。米の自由化も決定し、いっそう農業の先行き不安が助長されたこともあって、農水省はこのグリーンツーリズム事業を積極的に展開することになった。
　これまで山村地域には、過疎振興法や中山間地域の諸事業など適用して、道路や各種会館・センターとよばれる施設づくりを進めてきたが、若者を定着させることができず、人口の減少と高齢化が進展しているからである。これ以上の手厚い保護政策はできないので、都市との交流で、都市住民が山村に訪れて消費をして経済効果を生み出そうと、交流の必要性が打ち出された。1994年に略称「農山漁村余暇法」を制定し、2004年に改正している。この法律に沿ってグリーンツーリズムは展開された。自治体は手の平を返したように、これまでのリゾートはやめ、これからはグリーンツーリズム、交流事業が重要だと方向転換をしている。

## 4.2.2　日本のグリーンツーリズム事業の課題

　グリーンツーリズムを推進するために、自治体は農水省からの指導書を読んだり、研修会に出て勉強をしたりしてはいるが、グリーンツーリズムの事業がいかにしたら成功するのか、どのようなことになると失敗するのかの検討が不足している。すでに事業を展開しているところも、補助金でロッジや貸別荘などをつくったことでグリーンツーリズムと称している。多くは、旅行業者が教育旅行と称して商品化している日帰り・一泊の農業体験が主力であって、農村でのんびりと過ごすというのは少ない。

　グリーンツーリズムを事業展開するのに、次のような問題がある。

① 　農業をしながら、農家民宿をするほどには、農業が、大規模化、機械化、粗放化されていないので、余剰労働力を生み出すほどにはなっていない。そのために、農家の主婦の負担が大きくなる。
② 　農家の人たちが、もともと人を歓待したい気があるのかどうか疑問である。
③ 　自宅の一部を開放した農家民宿が少ない。この点は、①と②とも関連する。
④ 　農村景観が、耕地、集落を含めて美しくない。
⑤ 　利用者として想定している都市の人たちは、日本に長期休暇制度が導入されたときに長期間、山村で生活することにあこがれるだろうか。

## 4.2.3　ヨーロッパ：田園を愛する国民性とグリーンツーリズム

　ヨーロッパ・アルプス地域のグリーンツーリズムに関しては、石原、呉羽、池永ら地理学研究者によって、精力的に研究されている[3]。以下の事例では、筆者が訪れた地域について、報告したい。

　最初に紹介するコッツウォルズとウィーンの森地域は、必ずしもグリーンツーリズムに該当するものではないが、日本のグリーンツーリズム事業を展開するうえで示唆に富む点が多い。後半のドイツ、オーストリアの例は、筆者が訪れてヒアリングした結果を、日本のグリーンツーリズムとの比較検討をするうえでとりあげている。

### 4.2.3.1　英国・コッツウォルズ地域

　ロンドンの西北部、グロスタシャーからオックスフォードシャーにかけて

写真6　コッツウォルズの田園風景

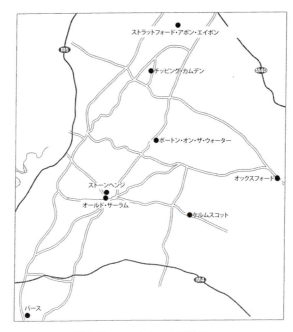

第8図　コッツウォルズ地域

第 4 章　四タイプ観光地の課題の解決を図る

写真 7　オールド・サーラムの遺跡

写真 8　ボートン・オン・ザ・ウォーター

の約60マイルの距離をもつ丘陵をコッツウォルズという。もっと具体的には、オックスフォード、バース、ストラトフォード・アポン・エイボンの3都市を結んだ三角形のエリアである。平均標高200mの丘陵に牧草地と小麦畑が波打つ美しい農村風景が展開する。イギリス人の住まいとして、また旅行先としてあこがれの地であり、日本人旅行者も多い。

　コッツウォルズの素晴らしさはどこにあるのだろうか。丘陵、耕作風景は美しいが、そのような景色は、英国ではイングランドではどこも同じだし、ドイツの北・中部、北海道の景観と比較してもすぐれているわけでもない。しかもこのような景色は、旅行すると当初は美しいと感動するが、どこを走っても同じ景色のためやがて飽きがくる。つまり、こうした耕作観は「地」なのであって、大事なのは、「地」のうえにのる「図」である。コッツウォルズでは「地」と「図」の双方が美しい。

　コッツウォルズの魅力ある「図」とはなにか。
① 集落の美しさ—屋根、壁、塀や生け垣が村ごとに統一されている（例：チッピングカムデム）。
② 貴族や荘園の持ち主のマナーハウスやカントリーハウスが随所にあり、一部は、ホテルやレストランに利用されている。ホテルも水準の高い五つ星や四つ星もある。もちろんだれにも利用しやすいB&Bやパブは随所にある。
③ 川の美しさ—コンクリート護岸の見当らない清流がある。川で、釣りや運河ツアーを楽しめる（例：ボートン・オン・ザ・ウォーター）。
④ 歴史的な遺産がある（例：ストーンヘンジ、オールド・サーラム）。
⑤ コッツウォルズを紹介する芸術家や文学者が生活した、そのゆかりの場が訪問地になっている（例：シェークスピアの生地であるストラトフォード・アポン・エイボン、ウイリアム・モリスの愛したケルムスコット）。

### 4.2.3.2　ウィーンの森地域

　ウィーンの森はウィーンの北西から南西にひろがる。コッツウォルズよりやや森林が多くなり、標高が高くなった丘陵地域で、森に抱かれて素晴らしいまちが点在する。小さな森でなく、面積は1,250km$^2$と神奈川県のほぼ半分で、ブドウ畑と80％はブナ林でおおわれる森が、ウィーンにさわやかな西風をお

第4章　四タイプ観光地の課題の解決を図る　　　65

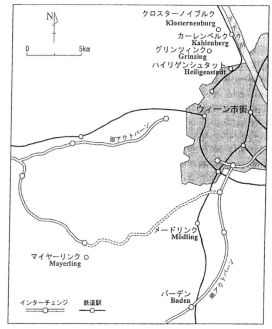

第9図　ウィーンの森地域

くる役割をしている。ここでもウィーンの森という素晴らしい「地」のうえに、「図」となる魅力あるまちが展開する。この地域にウィーンの皇帝や貴族、音楽家が館を構えて、歴史、芸術の面で数々の話題を残してきた。そのいくつかのまちを紹介しよう。

① グリンツィンク：自家製の新ワインを飲ませる居酒屋「ホイリゲ」の店が並ぶ。
② カーレンベルク：眺望にすぐれ、ヨハン・シュトラウス「ウィーンの森の物語」着想の地。
③ ハイリゲンシュタット：ベートーベン「田園」着想の地。ベートーベンの小径がある。
④ メートリンク：ベートーベンがしばしば訪れた地。シューベルトが「菩提樹」をこの地で作曲。
⑤ バーデン：温泉保養地。フランツ・ヨーゼフ皇帝がよく訪れる。ベートー

写真9　ウィーンを臨むウィーンの森

写真10　ウィーンの森の中のまち

ベンが「第九」を着想、モーツァルトが「荘厳ミサ曲」、「アヴェ・マリア」を作曲した地。

⑥　シェーナウ：バーデンの近く。ハプスブルク家のエリザベート一家が生活した。この館だけで、日本の皇居全体の広さ。モーツァルトは、この館から「魔笛」を着想。

⑦ マイヤーリンク：小説・映画で知られる「うたかたの恋」の舞台。
⑧ クロイスターノイブルグ：ベートーベンが好んで散歩した地。ここの僧院はナチス抵抗の本拠地になる。

## 4.2.3.3　ドイツ・シュバルツバルト地域、ゼーバッハ村

　人口1,500人の小さな村。石材と木材が主産業の村だったが、両産業とも将来に期待が持てず、若者も都会へ出て行ってしまっていた。何らかの打開策が必要ということで、村から15km先の別村にいた29歳の若者を村長候補に起用し当選させる。以降、新村長は20数年間、村政を担当したが、自分の思い通りの村づくりが遂行できるようになるには15年がかかったという。これまでの石材・木材からの産業転換を図るには、多数存在していた既存の業者が反対したからである。村長がめざしたのは、農家の人たちには農業を営むことで美しい風景を守ってもらい、その風景のもとでリゾート事業を推進することであった。具体的には、
① 村と州から補助金を出して、建物の外観を統一する。建物、畑、庭などの総合的な評価により、村内の家々の美しさを競うコンクールを実施。
② ハイキング道の整備、廃鉱銀山の活用、民俗舞踊の公開、パン焼き小屋・

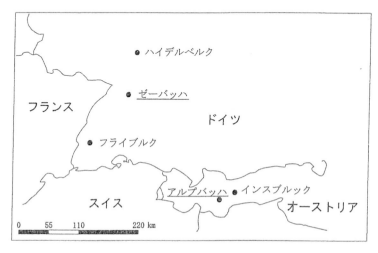

第10図　ゼーバッハとアルプバッハの位置

写真11　ゼーバッハ

写真12　アルプバッハ

水車の修復などに取組む。
③　ふだん活動している村内100グループが、夏に300のイベントを展開し盛り上げに協力する。
④　木材業、石材業は存続していたときに大型トラックの夜間乗り入れ禁止。
　こうした努力がみのり、ドイツのコンクール「美しき村コンクール」で金賞を獲得、人口減を食い止め、若者が定着するようになった。

### 4.2.3.4　オーストリア・チロル地方、アルプバッハ村

　標高1,000メートル、人口2,000人の小さな村。1983年にオーストリアで「いちばん美しい村」に選ばれる。建物は切妻、高さは3階まで、窓は大きくとらない、出窓はつくらない、屋根は茶、もしくは黒系統という規制がある。食事は朝食だけの提供。オーストリアでは、朝食は料理ではないので農家民宿の開業に保健所等の許可はない。規模も10ベッド以内では講習会も試験もないが、それ以上の規模になると経理関係の試験がある。ペンション、ホテルと規模が大きくなり、質が問われてくるにつれて、試験と講習の程度が厳しくなってくる。
　ここの地域はスキーもできるので、イギリスからのスキーヤーが長期滞在する。オランダやドイツ、フランスなどの平野部の人たちがよく泊まりにくるという。4月と10月以外には、農家民宿はよく利用されている。1泊朝食付きシャワーなしで2,000円程度、長期滞在になると1,500円前後になる。農家の後継者問題はないが、もし自分の家に後継者がいないときは親戚にあたり、それでもいないときは村内から応募者を求める。これでほとんどが解決がつくという。男性が農業、女性が民宿と仕事を分担している。もちろん、夜は、男性たちも民宿の手伝いをする。

### 4.2.3.5　ドイツ・オーストリアのグリーンツーリズム政策

　ドイツの農業政策とグリーンツーリズムとの関係をみると、農地整備法のなかに、自然環境の保全、景観整備、レクリエーションの向上の考えが取り入れられている。EUの前身ECの農業政策「緑のヨーロッパ」のなかに、農民による家族経営が緑豊かな農村環境を保全すると述べられている。ドイツの「わ

が村を美しく」するコンクールもただの景観美化の面だけでなく、地区の発展、共同生活などが評価項目に含まれている。

　農家民宿についてみると、バイエルン州では、1964年から20年間農家民宿への支援があった。支援を受けた農家は5年以上は農家民宿をつづけなければならない。現在はそのような支援はないが、その代わり民宿のハード整備への低利融資制度がある。民宿の経営指導や研修コースもしっかりしている。当然なことだが、農業に精を出していることが必要で、20ha以上の農業経営をしていないと、農家民宿の経営をすることはできない。農業・漁業が駄目だからグリーンツーリズムでもでは、本末転倒だろう。

　農家民宿では過剰なサービスがない代わりに、清潔感と家庭的な歓待の心が行きとどいている。オーストリアのように、規模や宿泊施設の水準により、研修の義務があり、その基準が高くなっていくのもよい考えである。

### 4.2.4　今後の日本の取組み課題

　すでに述べた①〜⑤の課題（61頁）を解決することであるが、さらに次の点を検討課題に加えたい。

#### 4.2.4.1　既存の施設・事業で対応する

　国の補助金により、別途にファームインとか農家民宿と称してコテージや貸別荘をつくったりわざわざ農家民宿といったりしなくても、これまでの自然休養村事業は、グリーンツーリズム事業であったし[4]、民宿の施設にもう少し清潔感をもたせたり、経営指導をしたりすれば、日本のグリーンツーリズム事業は展開できる。民宿についても、これまでのような民宿組合一本の予約ではなくて、個々の特徴を打ち出して、個々の単位で予約を受け付けて、自立心をもたせるようにする。

#### 4.2.4.2　自治体の姿勢を改める

　リゾートの問題点で述べたように、農水省に限らず、すぐに新しい法律や補助金システムを考える中央省庁とそれに飛びつく自治体の姿勢も問題である。自治体は、その事業の本質がわからずに補助金獲得として事業を実施する。

中央省庁も自治体の担当者も2～3年で交替して、さらにわからない人が引き継いでいく。しかもそれを実施するコンサルタントが、近年、批判され変わりつつあるが、中央省庁のひもつきで農業土木や耕地整理をしてきたのに、観光事業に手を出して、きわめてハードな、あるいはどこにもあるようなデザインの建物をつくっていく。だから、農水省の方針が変わると、10年くらいたつとこのような事業は忘れ去られていく危険性がある。自治体では本腰を入れて事業の継続を図ることを望みたい。

### 4.2.4.3 農村を好むのか

コッツウォルズとウィーンの森の例から、貴族や芸術家たちは、郊外の田園地域に好んで生活することがわかる。イギリスの人たちは、最終的には田園に生活することにあこがれる。大英帝国の衰退が、貴族や政治家たちの田園指向にあり、国をリードする人たちが実際に引退してしまったことに一因があるという説があるほどである（中西、1997）。イギリスの国が始まって以来、成功した官僚・軍人・商人・文筆家・企業家は、つねに田園生活を指向した。これはイギリス社会の基本的な現象で、「田舎に土地をもつこと」がほかの何にも増して、人生における成功を意味したというのである。それを継承しているアングロサクソン系のアメリカ人も、中産階級の住宅地を郊外につくっていく。それに比較して、日本人は、もともと田舎に生活していても都会への志向が強く、立身出世を求めて多くの人たちが、都会に脱出してきた。郊外も、イギリス人のように「田園」に土地を求めたのではなくて、ただ安い土地を求めた結果が郊外であって、仕方なく遠距離通勤の生活をしている。そのために、郊外に魅力ある都市が見あたらない。

### 4.2.4.4 美しい農村をつくる

日本列島の自然は変化があり、イングランドやドイツ北・中部の単調な田園景観よりもすばらしい。米国の、大規模であるが単調な自然景観とも異なる。亜寒帯から亜熱帯までの気象の変化とそれに関連した植生、四季の変化、地域による自然・人文景観の変化など、日本の風景は魅力がある。問題は、このすばらしい自然景観に調和した集落景観が崩れてきたことである。ここにヨーロ

ッパの国々と比較したときの風景に問題がある。

　ドイツやスイスの農業は、EUが誕生したときには、農業国フランスや人件費の安いスペイン、南イタリア、ギリシアなどの農産物と価格では対抗できなくなることが予想された。しかし国土の保全や優れた景観の創出には、農業を持続しなくてはいけない。そのために、山村地域の人々にデカップリングとよばれる所得補償をし、その代わりに沿道の整備や牧草の刈り取りの業務を遂行させている。権利と義務との双方の関係が明確である。

　美しくない集落の地域がグリーンツーリズムを展開しても、そこには長期滞在はしないだろう。もともと農業を継続するためのグリーンツーリズムの農水省の方針には、美しい風景を創る発想はない。都市住民は自然に接することや土いじりは好んでも、農山村地域の農家民宿に長期に滞在するかどうか。すぐれた自然環境のもとに、いまのような生活臭のないペンション、別荘、コテージに滞在するのをグリーンツーリズムとはいわないだろう。

　日本の農山村地域を変えていくには、もっと需要側の国民運動的な盛り上がりと、供給地側の農山村地域が一体となった連携が必要であるが、それ以前に、美しい農村づくりの運動が展開されなければならない。近年、イタリアにならって設立された「日本で最も美しい村」連合の動向に注目したい。

### 4.2.4.5　市場との時間距離を考慮する

　評判の高い群馬県川場村におけるこれまでの都市と農村の交流の成果は、世田谷区との双方の意識の高さによるが、新幹線と高速道路という高速交通機関が整備されて、大都市との距離が大幅に短縮されたことが、世田谷区によって川場村が選択された前提条件である。長期休暇時代になれば、それほど大都市との距離を考えずに、地域の魅力の創出にそそげばよいが、地域資源の誘致力がそれほど強くない地域では、1泊で訪れることが可能な市場との距離を想定して、事業に取組むことが必要である。

　さらに、日本では脊梁山脈が中央に走るので、どの都市からも身近に山岳・山間地域が存在し、ヨーロッパのアルプスの山麓地域にイギリスやオランダ、ドイツの北中部の人々が、わざわざ時間を費やしていくような、遠隔の地に出かける必要性がないこともあるだろう。

グリーンツーリズムが今日騒がれているほどに日本に定着するには、さまざまな課題があり、それを乗り越えるにはよほどの決意がないといけないことは、理解いただけたのではないだろうか。

## 4.3　隆盛の都市観光地

### 4.3.1　都市観光地への取組み

　海外旅行に出かけると、訪問地は、ニューヨーク、パリ、ローマ、ロンドン、上海、バンコックなど都市が主たる対象になる。以前から東京は、日本最大の観光地といわれていたが、東京都が区部の観光を意識することはなかった。日本での都市観光地への取組みをみると、札幌→神戸・横浜→福岡→大阪・東京の流れがある。1972 年に冬季オリンピックを開催した札幌が、オリンピックに合わせて整備したホテルを、オリンピック後にビジネス目的以外の北海道観光やスキー目的の誘客に力を注いだときに、都市の魅力が観光対象になる兆候はあった。以降、札幌は北海道観光の中心地となり、隣接する近郊の温泉地定山渓への道外旅行者を減少させることになった。都市が温泉地に打ち勝った例である。

　全国の都市が観光産業を都市政策に組み入れるようになったのは、1981 年に神戸で開催され大成功を収めたポートピア以降である。その後、都市が地方博覧会を開催したり、コンベンション施設を建設したりして、都市への集客に努めるようになった。神戸は、1977 年、NHK の朝の連続テレビ小説「風見鶏」で人気を集めた北野町地区の洋館以外にも、中国料理、フランス料理、神戸牛、チョコレート、パンと、食のイメージが高く、女性にとってあこがれの旅行地である。1960 年代、外国人対応のホテルが市街地には 3 ホテル、459 室、740 人の収容力を思うと、今日の姿は隔世の感がある。1977 年からの 10 年間をみても、1,349 万人の観光者が 88 年には 2,203 万人となっているのである。

　神戸と並んで横浜が観光地としての人気を集めたのは、1970 年代から開始した 6 大プロジェクトの成果が実ったからである。みなとみらい 21 地区（MM21）や元町、伊勢佐木町の商店街など、アーバンデザイン政策により、見違えるようなまちになってきた。福岡市ではキャナル・シティ、ホークス・

タウンの開発とともに、かつてのアジアとの交流施設を復元したり、アジアの映画祭を開催したりして、アジアの玄関口としての文化観光政策を打ち出した。

大都市の大阪市と東京都が観光事業に積極的になってきた。1995年4月、大阪市の都市観光課の新設は、都市観光時代の到来を告げる象徴的なできごとであった。大阪市は、海遊館など天保山周辺の整備が成功して観光の必要性を理解し、オリンピック開催への立候補、ユニバーサル・スタジオ・ジャパンの誘致へと積極的に集客都市の創造へと進んでいった。

東京都の観光政策は、以前は伊豆諸島・小笠原地域と西多摩地域であったが、最近になって区部の観光を組み入れるようになり、遅きに失したといえコンベンション・ビューローも設置した。宿泊税を導入して、その財源で観光事業を積極的に展開するために、観光レクリエーション課を観光部に昇格した。

都市には、会議、飲食、芸術文化の鑑賞、スポーツ観戦、近代建造物や再開発地域などの視察、買物など、さまざまな目的で旅行者が訪れる。すなわち、このような都市の魅力を求めて訪れる人が多い都市が都市観光地であり、ようやく日本の都市政策に観光の視点が導入されたのである。

### 4.3.2 都市の再生

産業革命で発達したイギリスの工業都市は、追いかけてきた米国や日本などに国際的な産業競争に敗れ衰退していった。造船のグラスゴー、紡績のブラッドフォード、綿織物のマンチェスター、鉄鋼のバーミンガムなどはその例である。これらの都市が、1970年代から都市の再生をめざして取組んだのは、芸術・文化・観光、そしてコンベンションに関連する事業であった。集客産業といわれるものである。都市のイメージアップを図ることで、人口の増加と新しい産業の育成を目指している。

東京では、天王洲アイルや恵比寿ガーデン・プレイスに始まり、シオサイト、六本木ヒルズ、最近の東京駅周辺の大手町・丸の内・有楽町（大丸有）のような大規模な再開発、東京臨海副都心、2020年の東京オリンピックへ向けての豊洲周辺などのウォーターフロント開発が進展している。いずれも多くの集客を期待してのものである。

最後に述べたウォーターフロントの整備は、大型のコンテナ港の移転や旅

客・貨物船舶の減少により衰退した港湾地区を再生しようと、ロンドン、リバプール、トロント、ニューヨーク、ボストン、サンフランシスコで大規模に行われ、いずれの都市も人の集う賑やかな港湾地区に再生した。日本でも、横浜のMM21が同様の整備を進めている。しかし埋立てや人工島で新たに生まれたウォーターフロント空間により、これまでの海浜部が後退し海から切断され、都市の乾燥化やヒート・アイランド現象など都市の微気象に影響を与えている。さらに浅瀬や砂州の埋立ては、海の生態系にも影響を及ぼしている。このようなことを考えるならば、新規に埋立てをする前に、まずは既存の臨海部を市民の憩いの場に取り戻すことから始めるべきである。

いずれにせよ、都市が都市たるには、都市のスプロールにより生ずる中心地区の空洞化を防ぎ、中心地区の商業が活性化して多くの来街客を集めていること、再開発地区であれ、ウォーターフロント地区であれ、常時、人の気配があること、スポーツ、芸術、イベント、コンベンション等の活動があちこちで開催され、常時、都市に賑わいがあることが肝要であろう。

### 4.3.3　マンチェスターにおける集客都市の創造と都市の再生

産業革命によって栄華をきわめたイギリスの都市は、その後の技術革新への立ち遅れとアメリカ、日本などの新興工業国の追い上げによって基幹産業が衰退したために、政治・文化の中心だったロンドンとエディンバラを除いてすべてが衰微したといっても過言ではない。

しかし、1970年代、80年代になると、イギリスの都市は、ウォーターフロントの整備、中心地区の再開発、文化・観光の諸事業の導入を図り、再生してきた。ここで紹介するマンチェスターは、その取組みがもっとも積極的で、衰退したイギリスの他都市を勇気づけた点でも評価できる。日本においても、炭鉱、紡績、造船、鉄鋼で栄えた地域はイギリスと同じ道を歩んでおり、マンチェスターの事例は参考になるのではないだろうか。

#### 4.3.3.1　マンチェスターの盛衰

ローマ帝国が築いた要塞地を表わす「チェスター」の名が残るように、西暦79年、ローマ植民地の拠点であるヨークとチェスターの中継地点としてこ

写真13　ディーンス・ゲイト通りの美しい建物

の地に要塞が築かれた。メドロック川とアーウェル川の合流点が防御の好立地であった。410年にローマ帝国の占拠が解かれたが、その後の記録はなく、18世紀に突如、マンチェスターは産業革命の寵児として華々しく登場した。高い湿度、多い降水量、豊富な軟水が紡績に最適だった。1745年に綿紡績の中心地となる。61年、イギリス最古のブリッジウォーター運河が完成し、石炭の輸送を安価にした。1830年には世に知られる世界最初の旅客鉄道が、マンチェスター・リバプール間に開通した。1757年にわずか17,101人であった人口は、1830年には18万人に増加。1851年には、8万人が直接綿織物工場に雇用されるようになった。マンチェスターは「世界の工場」として、綿織物工業、イングランド北西部地区の商業の中心となっていった。

　しかし、この急激な都市の成長は、衛生・健康面では最悪の状態となり、この地で働いていたエンゲルスが『イギリスにおける労働者階級の状態―19世紀のロンドンとマンチェスター』を著したほどである。第一次世界大戦以来、繊維工業は下火になる。スラム、過密、貧困生活、不規則な建築と、まちは手のつけられない状態になっていった。人々は、快適な住環境を求めて郊外の都市へ移動し、卸売り業関連の企業も周辺地区に移転して、市の中心地区は放棄された。1930年マンチェスター・エクステンション法により衛星都市、郊外都市の建設に着手して、ますますマンチェスターの中心部は空洞化と犯罪多発地帯になっていくのである。

第 4 章　四タイプ観光地の課題の解決を図る

写真 14　G-Mex 前の重厚な老舗ホテル

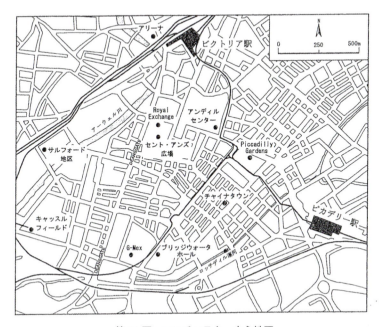

第 11 図　マンチェスター中心地区

第二次世界大戦で空襲を受けたこともあり、戦後の50年代までは市は住宅の確保とスラムの一掃に追われた。1950年代からギャンブル・クラブが数多く誕生し、1981年、インナーシティでの暴動が起き、マンチェスターはイギリスで、犯罪の多い恐怖のまちのレッテルを貼られた。

　1961年に市の中心部を着手することを承認し、67年に策定したプランで、道路システムの確立と市街地の開発で中心地区の衰微した商業機能の回復をめざした。しかし、50、60年代は高層かつデザインの悪い建物が建設されて、まちの魅力は創出されなかった。1961～81年の間に、市の中心地区の雇用者は167千人から108千人に減少していた。失業率は86年の16％で、ピークを迎えた。以降、失業率は徐々に改善され、80年代で、銀行・証券・建物などのサービス関連、ホテル・食事関係の増加がみられてきた。93年、市の人口は432千人、大マンチェスターで2,758千人である。大マンチェスターの産業別就業人口は、製造業282,699人に対して、サービス業738,309人（38.3％）に膨れ上がり、そのうち、ホテル・飲食に220,391人が働いている。

　衰退し、治安のひどくなったマンチェスターが、1980年代にはポップグループが活躍するまちになり、落選したとはいえ90年代にオリンピックの開催地として2度も立候補。94年、ヨーロッパ演劇都市の指定を受けるに至り、2002年には英連邦競技大会が開催されるほどに都市は一新し、文化・観光、若者のまちへと変わっていった。

#### 4.3.3.2　都市再生の基盤整備と地域別再生
　都市の再生を果たした交通基盤の整備と地区別に再開発と集客施設の状況について、以下にみることにする。

##### 4.3.3.2.1　交通基盤の整備
　1992年、市の中心地区の商業を活性化させるために、中心部から人口流失した周辺都市から人をよび戻そうと、イギリス初のライトレールの路面電車、メトロリンクが2路線で開業し、2000年までにさらに2路線が開業した。
　マンチェスター空港はピカデリー駅から鉄道で13～23分、車でも高速道路で30分以内の至近距離にある。1993年に新しいターミナルを建設した。

当時、世界で13番目に大きい空港で、イギリスではヒースロー、ガトウィックに次ぐ利用者数で、IATAは96年版空港番付で、マンチェスター空港を、世界でもっとも利用者への親切な空港と評価した。

　南の玄関口であるピカデリー駅が一新された。天井、照明を明るくして、利用者に使いやすい駅になり、バリアフリーへの対応にも配慮している。

### 4.3.3.2.2　都市開発

　産業革命時の老朽化した建物や、荒廃した地域には多大な投資が行われ、まちは一新した。当時の堅牢・美麗な建物はホテルや劇場に転用されている。1967年に、シビック・アメニティ法ができ、29の保存地区が選定された。そのうち14が中心地区にある。94年に960の建物が重要建造物としてリスト・アップされた。

① 　中心商業地区

　1963年にピカデリー広場を中心地区として整備したが、デザインを含めて不評であったため、市は、市の中心をクロス通りとセント・アンズ広場へ移して、76年にアンデイル・センターをオープンさせた。83年マーケット通り、84年にセント・アンズ広場を歩行者専用にした。イギリス初の歩行者空間の整備である。中心地区の綿取引時代の小さな倉庫や仕事場を芸術家の居住として改造して、多くの若者を引き付けた。こうして整備された中心地区は、1996年のアイルランド共和国軍（IRA）による爆弾テロ事件で破壊された。しかしすぐに復興にとりかかり、イギリスで最大となるマークス＆スペンサーの店舗を核にして、以前よりも活気のある中心地によみがえらせた。

② 　ピカデリー駅周辺

　9.4kmのロッチデイル運河を整備するとともに、周辺29.4haに1,270世帯の住宅と140万平方フィートの商業地区を開発した。その他、26の照明灯、16kmの歩道を整備して4,677人の雇用を生み出した。

③ 　チャイナ・タウン

　以前の倉庫街をレストラン、スーパーマーケット、土産店、銀行、医療・教育施設、住宅に変え、中国人のまちが形成された。1987年に中国から12人の職人がきて、欧州初の中国門をつくる。

写真15　整備されたロッチデイル運河周辺

写真16　キャッスルフィールド地区のヘリテージ・パーク

写真 17　駅から中心地区へ結ぶ無料のバス

写真 17　駅間を結ぶ有料バス

④　サルフォード埠頭

　1980 年代始めには機能しなくなった埠頭を地元の企業家によって、1984 年〜 91 年の間に事務所、アパート、レストラン、映画館ができ、美しいウォーターフロントとして整備された。

⑤　トラフォード・センター

19世紀に世界有数の工業団地として開発されたが、1970年以降、荒廃状態になり、80年から再開発に着手。住宅・産業地区として再生し、94年までに 8,845 人の雇用が増加して、現在、35,363 人の雇用者と 1,314 の企業が立地する地となる。18km の自転車道と 37km の歩道、638 千本の樹木が植えられた。

### 4.3.3.2.3　集客施設—文化・芸術・スポーツ

"The Life and Soul of Britain" をスローガンにしていたマンチェスターが 1994 年には、"City of Drama" を市の目標に位置づけた。

関連の施設としては、劇場 8、美術館 6、音楽学校 1、音楽ホール 2、博物館 2、テーマパーク 1、見本市会場 1、アリーナ 1。その他、クラフト・ビレッジ、アーツ・アンド・クラフトマーケットが存在する。市立美術館は 98 年に閉館し、2001 年に規模を 2 倍に拡充して新装開館した。

①　キャッスルフィールド地区

この地区は 1966 年に中央駅が閉鎖され、75 年にはリバープール・ロード駅の貨物場が閉鎖され、長い間、市民から忘れられた存在であった。78 年から地区再生の検討に入り、79 年に保存地区に指定して整備をすすめた。1830 年開設の世界初の旅客鉄道駅は、1980 年に科学産業博物館に、隣接の 1876 年の市場であった跡地は、一時、見本市会場に、現在は航空・宇宙博物館となる。周辺では、ローマ人が築いた要塞を史跡公園にして、倉庫跡地はテレビ局グラナダが年間に 60 万人を集めるテーマパークをつくった。地区一帯は 82 年には英国初のヘリテージ・パークとなる。

②　G-Mex 周辺

1880 年から 1969 年に閉鎖されるまで中心駅の役割を果たした中央駅は、G-Mex（大マンチェスター見本市会場）として再生した。99 年にはさらに拡張された。

G-Mex の向かいにブリッジ・ウォーター・ホールが 1996 年に完成し、ハレ交響楽団の拠点となる。隣接に大ブリッジウォーターオフィス開発が 99 年に完成。こうした新しい動きに呼応して運河付近にホテルやバーの新設がみら

れる。

　G-Mex を挟んで音楽センターの反対の隣接地に、かつて鉄道、運河、道路の交差地域になっていたグレート・ノーザン倉庫が、祝祭市場に生まれ変わる。ここはキャッスル・フィールドにも近いので、G-Mex 地区は外からの集客の拠点地区に様変わりする。

③　スポーツ施設

　1992 年にイギリス政府は、マンチェスターを 1996、2000 年のオリンピック誘致を目標にと投資をすすめ、ビクトリア駅の一部にアリーナをつくり、東マンチェスターに 95 年 19,500 人収容の観覧席をもつ室内では欧州最大の複合のエンタテイメント・スポーツ施設が完成させた。マンチェスター・ユナイテッドの本拠地のサッカースタジアムも 6 万人の収容力に改装した。

### 4.3.3.3　都市再生のプロジェクトと推進母体

　市が策定したビジョンを 1984 年から 87 年にかけて、市の経済開発局と民間の政策資源委員会の協働作業が都市再生への導入となった。その後、88 年にセントラル・マンチェスター開発公社を創設し、公社が存続した 96 年までの 8 年間に、放置されていた運河周辺や貨物駅跡地周辺を、中央政府から 20 億ポンドを引き出し、音楽ホールのブリッジウォーターやキャッスルフィールドの整備をすすめ、中心地区の再生に努めた。同時に都心地区の住宅建設も促進した。

　トラフォード開発公社は 1987 年に設立され、昔からの工業団地を新しい時代の産業団地に衣替えし、あわせてサルフォード地区の整備に関わった。

　1992 年シティ・チャレンジを掲げ、市街地周辺の問題地域の再開発に着手している折、1994 年に政府からロンドン、バーミンガムとともに City Pride の指定を受け、市街地と周辺地区の再生計画の整備を 10 年間進めた。そのなかで具体的に 1996 年に Marketing Manchester を誕生させ、市街地と周辺都市との一体化を進めながら、マンチェスターの都市のブランド・イメージを外へ向けて発信した。97 年にできたマンチェスター投資開発機関サービス（MIDAS）がさらに市街地の投資を促進した。

　このような市と民間の積極的な取組みに弾みをつけたのは、敗れたとはい

え1996年と2000年の2度にわたるオリンピックの立候補である。オリンピック開催の当選をめざして、民間がイニシアティブをとり6割の資金を捻出し、残り4割を政府からの補助を受け、行政と民間が一丸となって都市の整備に取組んだ。市民には1ペンスも使わせなかったことも高い評価を得た。

こうした姿勢が確立されたからこそ、1996年のIRAによる爆弾テロで中心地が破壊されたにもかかわらず、すばやい対応で修復して、以前にも増してすばらしい中心地区に蘇えらせることができたのである。2000年の市街地のトライアングル開発でマンチェスターは頂点に達し、「北の首都」としての地位を盤石にした。

このように変貌を遂げたマンチェスターは、イギリスではロンドン以外でもっとも重要な金融センターになる。フランスの政府機関は、マンチェスターをヨーロッパ165都市で11番に位置づけている。SWOT分析でも、バロセロナ、ミラノ、フランクフルト、リオンとともに、ヨーロッパで注目する都市にあげられた。

筆者は1995年、96年、99年とマンチェスターを三度訪れているが、行くたびに変化している。99年でもまだ再開発は各地で進行中であったので、現在はさらに魅力ある都市に変貌しているに違いない。

### 4.3.4　大都市近郊都市の課題と魅力ある都市の創造
　　　―埼玉県日高市を事例に―
#### 4.3.4.1　大都市近郊都市の特性と日高市

日本における都市問題の一つに、人口10万未満の地方の小都市で人口が減少しつつある一方で、大都市近郊都市は、人口がふえつづけていても、職場や大学が大都市にあり、買物やスポーツ観戦や芸術鑑賞も大都市で済ませてしまうため、昼間人口の少ない、何ら特色もなく、まちはスプロールをして、行政界の意味がないほどに数都市が連担して、個々の都市が独立している意味がなくなっていることである。

日高市は筆者が生活する川越市の隣接市である。1955年に高麗村と高麗川村が合併して日高町になり、翌年、高萩村が加わり、現在の行政界になる。60年の人口16,683人が、東京への通勤圏として大規模な住宅開発が行われ

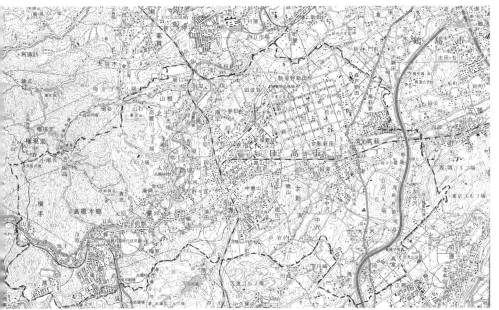

**第12図　日高市周辺地図**（国土地理院5万分の1地形図「川越」1996年、60%）
注：東西のJR川越線、南北がJR八高線、西の私鉄が西武池袋線、地図にはないが東に東武東上線がある。

てきて、87年に5万人を超え、90年の国勢調査では53,169人になり、翌91年に日高市が誕生した。

　産業別にみると第一次産業はふるわず、第二次産業は、事務所数668、従業員数7,052人で、工業地区内に企業は集積している。商業は、スーパーマーケットはあるものの、3村の合併ということもあって、中心商店街はなく、買物は、飯能、狭山、川越に依存する。

　集客の対象となるのは、曼珠沙華の開花のときには多数の観光者で賑わう巾着田と高麗神社である。高麗神社はその名のとおり朝鮮からの渡来人にゆかりがあり、宮司は高麗家の継承者である。

　筆者は日高市教育委員会が主催する生涯学習の講座で初めの2回を除き1992年から11回にわたり、内容を変えつつ根底を魅力あるまちづくりにおいて、日高市の課題を話してきた。本論はそのまとめである。

　まちづくりの課題を、①「素晴らしいまち」とは何か、②「素晴らしいまち」となるには何が問題なのか、③その問題をいかにして解決したらよいのか、こ

の3点においた。そのようなまちができあがったときに、住民は生き生きとし他市町村との交流も生まれるのである。

　日高市が素晴らしいまちになるには、自分たちが、住んでいて楽しい、他にないと思えるようなまちになる、これが結論である。魅力ある地域を創造するには、地域が保持する自然と文化を生かすこと、そして街中においては、楽しい賑やかなまちをつくること、この2点から論を進める。

### 4.3.4.2　自然と文化との融合する地域

　全国各地で環境問題が大きくクローズアップされている。日本のすぐれた自然環境を、これまでわたくしたちが生活するうえで、あるいは産業を営むうえで、ある程度破壊せざるを得なかったが、このままでは環境が悪化して人類の破滅に結びつくのではないかとの危機感が、世界各地で起きてきている。サステイナブル・ディベロップメントあるいはサステイナブル・ツーリズムの考えが推奨され、これからは良好な自然環境を保ち、快適な環境を創造することが、いまに生きるわたくしたちの責務なのである。

　すぐれた自然環境は、何かの活動をするための舞台である。日本の9割くらいは自然が豊かであるが、山村地域では自然がよくても過疎化が進展している。そのため、その自然環境のうえに、自分たちの独特な文化をいかに築いていくことができるかが重要であろう。

　個性ある文化をもっているもの同士が交流することにより、相互が刺激し合い、地域が発展する。つねに自然と文化を一緒に考えていく。ウィーンの森の例でみたように、森のなかに拓かれたさまざまな「まち」がある。このような自然と共生した「まち」に、多数の文化人が集う。良好な自然環境は文化を育む舞台である。徳島県では県全域に光ファイバー網を整備したところ、生活費の安い神山町に、若いクリエーターや企業家が集まっている。それに伴い店もいくつか開業している。

　以下に、日高市および大都市近郊都市の課題を、いかに解決すべきかの提案をする。

### 4.3.4.2.1　農地、山林の維持管理

良好な自然環境を守るためにも農地や山林の維持管理は重要であるが、日本の農林業は国際競争力の点では採算が合わなくなってきている。とくに林業は、林野庁の管理する国有林でも民間の林業でも採算が合わず、放置する山林がふえ、山林は荒廃しつつある。

　農業も産業としては将来希望をもてない。農業では解決策の一つとして、都市近郊では、低農薬ないしは有機栽培で作った野菜を供給して消費者に直結するいわゆる地産地消や、市民みずからが農業を営む市民農園、これらの普及促進があげられる。近年の道の駅での地元農産物の販売や農産物直売所の人気が高まっているのは好ましい状況である。ドイツのハノーファーでは、市民の野菜消費量の4分の1は市民農園からの供給であり、フランクフルトの広大な都市林は、その3分の1が燃料供給用として、3分の2がレクリエーション用として市が管理している。市は、都市林が存在することで、市民の健康増進や医療負担の軽減に寄与するので、トータルしてみれば都市林を管理してもペイするとの考えで、都市林の財政負担に応じている。

　東京都では、維持管理できない奥多摩地域の森林には、要請があれば整備を引き受ける担い手公社がある。新しい動きとして、自然エネルギーの一つとしてのバイオマス発電である。森林から木材の伐り出し、製材にした後に出る木クズを使用する。木クズはバイオマス発電と、ペレットにした燃料で岡山県真庭市の全市消費エネルギーの11％をまかなっている（藻谷浩介・NHK広島取材班、2013）。

　いずれにせよ産業として成り立たない農業や林業も、市民が参加するかたちや、会社をつくるなどして、何らかの方法で農地と山林の維持管理をしていかなければならなくなっている。

### 4.3.4.2.2　自然の利用と開発制御

　日高市は奥武蔵丘陵に近く良い自然環境に恵まれているが、この自然を十分に利用していない。一例であるが、六甲山へ毎日のように登る会が神戸市にある。土曜日、日曜日に必ず登る人がいる。何千回も登っている人もいる。そうした会が、六甲山の植物を調べながら自然を守る活動に参加をしている。日高市では市民が積極的に自然を利用するとともに、丘陵部へ向けてのこれ以上

の開発を制限することが望まれる。

　山間部には針葉樹が多く植えられ保水力が落ちているが、これを広葉樹に変えることにより、保水力の保持と景観の回復ができる。しかし、大切なことは居住地近くにある平地林を残して、ふだんから平地林のなかに入り自然とふれ合う機会を高めておくと自然への親しみが増す。住宅地にも、街路樹を植え、緑の多い公園をつくり、宅地のなかにも植木や草花を多く植えることで、地域全体の緑の量をふやしていくようにする。

　欧米では狭い道路は一方通行にして、道路に街路樹を植えて緑を増やしている。神戸市では1971年から婦人団体協議会（会員数10万人）が、近くの山に3,000本の木を植えることから始め、次に、市にも働きかけた結果、市では市街地、住宅地、さらには臨海地域や山の緑化をめざして、市民公園条例と作戦本部をつくり、市街地の3割を緑でうめつくすことにした。その結果一人あたりの公園面積が、当時の$3m^2$から$11.7m^2$の約4倍にふえ、都市では日本一の公園面積となった。街路樹も17,000本から307,000本になった。さらに、街路樹の管理、落葉の清掃等は管理組合をつくり、住民主導で行政が協力するかたちで実施し、素晴らしい成果をあげている。明治神宮の森も、大正時代に植樹したものを今日まで育んできた結果、立派な森として成長して、都市に潤いをもたらしている。帯広市は、「百年の森」計画を実行して、100年で滅ぼした自然を、100年かけてもとに戻そうとするのである。

### 4.3.4.2.3　河川の浄化

　自然環境を改善する一つに河川の水質浄化の問題がある。それには下水道の整備の他に、三面張の用水をやめ、流域を生物の棲める川、ビオトープにしようとする動きがある。三面張の用水は維持管理が楽なため住民が希望しているのであり、住民の意識改革が必要であろう。また、川の土手に遊歩道をつくるなどして、川と親しみながら生活することで河川の浄化や河川敷の美化への意識も育まれ環境美化につながる。なお、親水河川として堤防を階段状にしたり、ダムに魚道を設けたりする工事が行われているが、あまりにもハードすぎる事業もみられ、かえって殺風景な河川景観をつくっている。

　日本では、水とともに生活をしてきた郡上市郡上八幡や高島市針江の人たち、

市内の中心部を流れる農業用水の周辺を公園整備した岡山市や市内各地に流れる用水を住民が守っている日野市など、最近、水を生かすまちづくりが進展している（溝尾、2011）。

　日高市においては、小さな空間であるが、かつてダム建設で水没の危機にさらされ反対運動により守った、市民のシンボルとなる巾着田がある。その巾着田内の私有地の買上げ、バーベキューの規制、ゴミ対策、車の乗入れ制限などを図ることが望まれる。市内を貫流する高麗川沿いを緑で覆い、川に沿った快適な散歩道を整備することが必要である。

### 4.3.4.2.4　車の排気ガス対策

　物質文明が進み、種々開発され生活が楽になった反面、たとえば廃プラスチックや車の排気ガスの問題等で地球環境の悪化を招いている。ゴミの排出量の低減、再利用の方法、あるいは焼却したときに発生する熱で発電したり、ゴミから発生するメタンガスを回収利用したりして、エネルギーの再利用も検討すべきである。

　自動車は便利なものであるが、車を利用する区域と、車の締め出し区域とのメリハリをつける。このためには公共交通機関の整備が必要で、イギリスやドイツでは都市の中心地から車を締め出すパーク・アンド・ライド方式を採用し、車を乗り捨てるパーキングの整備と、そこから市街地とを結ぶ鉄道とバスターミナルの建設が進められている。

　イギリスでは刃物工業で知られるシェフィールドやエディンバラでは、商店街とバスターミナルを一体として整備した。マンチェスター郊外のベイリーは駐車場が鉄道の終点の駅前にあり、この周りにむかしから存在していた商店を大きなショッピングセンターに変えて、肉と魚を売る店や昔からの市場もそのなかに取り込んで、スーパーと百貨店をその周囲に配置して、商店街を活性化させた。

　川越市では、路線バスは川越駅のバスターミナルを起点として放射状に走るが、それら路線を横断的に結ぶ路線がなく不便であったが、市内の主要観光拠点を結ぶ定期バスの運行や、市の行政施設を巡る福祉バスの運行により、バスの総合的な体系ができつつある。

日高市では、日常の生活交通でも渋滞があるうえに、行楽シーズンには秩父へのルートになるために、さらに渋滞はひどくなる。巾着田の曼珠沙華の開花どきには大渋滞になる。
　日高市の総合的な交通体系の整備が必要で、その地域を単に通過するだけの通過交通、その地域に用事があって来る入り込み交通、住民の生活のための生活交通、これらをうまく分けなければならない。また、車の不必要な使用を抑制することは、環境の悪化を防ぐばかりでなく、エネルギーの節約にもつながる。駐車場が少なくなることによって、都市の景観づくりにも寄与する。

#### 4.3.4.2.5　文化の発掘

　日高市には、由緒ある高麗の地名と高麗家、高麗神社が今に至るまで残されている。市民が、宮崎県南郷村（現美郷町）のように、朝鮮文化を学び、顕在化させていく必要があろう。「百済の里づくり」に取組む南郷村も当初は、伝説という信ぴょう性への疑問から文化庁や奈良県文化財研究所からの協力が得られなかったが、伝説が歴史的に証明されてから百済文化の創出に努め、奈良東大寺に並ぶ「西の正倉院」を完成させるまでにこぎつけた。いまでは、語りつづけられた百済伝説にもとづき、韓国との交流を進めながら、村民総出で歴史と文化の村づくりに燃えている（溝尾、2012）。

### 4.3.4.3　楽しく快適なまちの創造

　快適なまちとは、賑やかさがある、楽しいまちということである。その前提に交通や災害などの視点から安全性が不可欠であるが、安全だけを追及すると、快適なまちにならない。快適なまちづくりへ向けての取組みをいくつか述べてみたい。

#### 4.3.4.3.1　生活、職場、余暇の三場面が充実

　わたくしたちは一日あるいは一週間のかなりの時間を働くことに費やしているが、働くことは、本来、自分が楽しい生活をおくるための手段であって目的ではない。職場環境や通勤の利便性等に優れているか、生活の場としての利便性や快適性はどうか。さらに余暇の過ごし方や観光とかレクリエーション等

の遊びが楽しくできるか。これらの三つが同時にその地域で満足できれば楽しい「まち」といえる。

身近なところで不便なこと、たとえば交通渋滞がおこるとか、気のきいた商店街や本屋がないなど、生活する上での不便さをあげて、それらの改善に努める。まずはマイナスをゼロにする。次は、良いものがあるのに生かされていないというゼロをプラスにする。最後は、むずかしいが、いまあるすぐれているものをさらに磨きをかけて良くする。すなわち、プラスをプラスにする。このように地域のマイナス、プラスを発見して、その課題の解決へ向けて取組みを開始する。

なお、首都圏の多くのまちでは、働く場所、暮らしの場所、余暇、レクリエーションの場所の各々が離れている。この点、日高市では働く場所は別としても、奥武蔵丘陵の豊かな自然と生活の場が一体となるというこの良さを生かすことである。

### 4.3.4.3.2 スプロール対策

今、日本の都市でいちばんの難題は都市のスプロール化である。たとえば川越市は、城下町が武蔵野台地の末端に成立し、周囲の低地が農村地帯とまちの縁取りが明確であった。その後、住宅街や商店街がかつての農村地帯にまで広がって、ついには北の鶴ケ島市や南の上福岡市、西の狭山市との境がなくなっている。これは大都市近郊ではよくみられる状況である。日本では成功しなかったが、都市開発にあたっては、たとえば緑地帯を設け、都市の境界は緑で囲むなどして、緑地内部の都市はそれぞれが特長あるまちにする。ケルン市は城壁を取り払い緑地帯にしたが都市の拡大とともに、都市を囲む緑地帯がそのつど遠くへ延伸するが、その都度みごとな環状の緑地帯が市街地を囲んでいる。

### 4.3.4.3.3 生活の利便性―商業問題

生活の利便性という点からも商業問題は重要である。大都市近郊都市では、とくに買回り品関連の商業機能が弱い。日常生活に必要なもの以外は近隣のまちへ行けばよいとの考えもある。ところが最低限、コミュニティのなかにも最寄品をあつかう商店がないために、地域の人々がふれあう機会がなくなってい

るところもみられる。

#### 4.3.4.3.4　団地、住宅地の再生

　人口がふえつづけてきた日高市で、1993年以降人口の停滞を示し、97年以降人口が減少に転じ、2000年には1997年の約900人減になっている。人口減少の原因を筆者が調べて発表して反響をよんでいる。それは、市内には1,000人を超える団地・住宅地が六つあり、人口54千人の市人口の42％を占めるが、この大型団地・住宅地で人口が減少したのである。入居したときの子供たちが独立したことによるが、近年さらに東京への回帰現象が生じていることも考えると、減少はまだつづくかもしれない。さらに厳しい問題はこれら住宅地で高齢化が進展しているし、建物も陳腐化してきていることである。早急に住宅地の再生に取組まないと、人口減少とともに、地域がゴーストタウンになる恐れがある。

## 4.4　温泉地の活性化方策

### 4.4.1　温泉好きな日本人

　日本書紀の時代から今日に至るまで、温泉地は日本の観光地の主役を担ってきている。医療の一部を温泉の効能に依存していたイギリスと米国では、戦後の医学の進展から温泉利用の必要がなくなり、温泉地は衰退した。アジアでは、温泉は住民の沐浴に利用されている。ドイツ、オーストリア、ハンガリー、フランス、イタリアにおいては、現在でも健康医療の面から温泉利用が盛んであり、温泉地はリゾートの中核になっている。3月にイタリアの温泉地を訪れると、温泉入浴施設をはじめ多くの施設が時期外れということで閉じていた。日本ほど楽しみの多様な入浴方法ではない。日本人の異常ともいえる温泉好き、温泉を有する観光地の多さは、世界でも異例であろう。

　日本人は入浴好きだから温泉地が発達したといわれるが、江戸時代には、幕藩体制維持のための思想上の社寺参詣と、石高維持のために農民の健康維持目的とした湯治場通い、この二つの旅行目的に限って藩外への移動の自由を認めたという時代背景が、国民の温泉嗜好を高めた。江戸時代に、温泉浴は東日本

から始まり、蒸気浴だった西日本にまで広まった。明治時代には各地に敷設された鉄道が温泉地や社寺と結んだことは、社寺参詣地と温泉地が日本人の旅行の主たる目的地であったことを示している。

　私たちは外国へでかけて、外国のリゾートやコンベンション、ウォーターフロント事業、テーマパークなどさまざまなことを学び、じっさいに国内でそうした事業を展開している。それでは日本から外国に提供できるものはないのかと考えてみると、旅館のシステムと温泉大浴場こそ日本独特である。今日みる米国のジャグジーなど温泉浴の普及は日本の影響によるものであるし、すでに台湾でみられる日本式入浴が、アジア諸国に採り入れられる可能性がある。

### 4.4.2　温泉地低迷の背景

　近年、温泉利用者は増加傾向にある。日本観光の中核である温泉地が、長い間低迷をつづけていただけに、温泉地の再興を願う筆者には、最近の温泉地の動向は喜ばしい。増加要因を探ってみると、テレビの影響で若者・女性の温泉利用が高まったこと、ふるさと創生事業で温泉掘削が盛んになり、居住地周辺に温泉施設がふえたこと、さらに温泉地の個々の宿泊施設が規模の拡大、質の向上に努めたことがあげられる。

　ただ温泉浴利用の増加に、温泉地が温泉地全体の魅力の向上を図って、利用者の増加に取組んできたとは言えない問題がある。現に、一軒宿の自然環境に恵まれた温泉地での宿泊者の増加が著しく、規模の大きい老舗の温泉地の低迷が顕著である。これまで大温泉地で宿泊者が増加していたところでは、数軒の大規模な旅館の数値が反映されていたのであって、そのような温泉地では温泉地の宿泊収容力が増加するなかで、小規模宿泊施設の軒数が減少し、温泉地の地域としての魅力を喪失させていた。ところが昨今では、その大旅館の経営が思わしくなくなっているので、ますます温泉地が危機的状況に陥っているのである。

　ふるさと創生事業で全国各地の市町村が温泉を掘削したことで、トータルの温泉利用者がふえても、自宅近くで温泉入浴を楽しませてしまうため、これまでの既存温泉地への来訪は減少している。大旅館も、団体旅行、企業関連の旅行がバブル期以降の減少のあおりを受けて、各地で倒産がみられる。旅行の個

性化、多様化が叫ばれ、誰もが旅行し、海外旅行も盛んな大衆旅行時代において、いつまでも宿泊施設としての旅館、観光地としての温泉地だけが、すべての客層に対応するのは無理になっている。これからの日本の観光動向は、自由時間が増加していくなかで、海外の観光地と日本の観光地との、国内においては新しいリゾート地域と温泉地を含む既存観光地との、それぞれで競争がし烈になってくることに違いない。

　ここで温泉地低迷の背景をまとめてみる。

　戦後、所得の向上、自由時間の増大とともに価値観の変化が、若者や女性の旅行を増大させることになった。それにつれて観光地も多様化の様相を呈して、温泉地の観光地における地位を相対的に低下させることになる。スキーを代表とするレクリエーション活動を楽しむ地域が1960年代から登場。70年代に入るとディスカバージャパンのキャンペーンの影響があり、昔ながらの町並みをもつ観光地が人気を集めてきた。いまは、横浜、神戸、札幌などの都市観光地が賑わっている。このように新たに登場してきた観光地は、いずれも温泉を必要としない。こうした流れの一方で、旅館や温泉地は、長い間、中高年男性の団体旅行に主眼をおいて事業を営み、家族旅行も含めて、女性や若者という新しい旅行者層への対応に遅れた。これが温泉地低迷の第一である。

　次に温泉地自らが、優れた自然環境やヒューマンスケールでできあがった情緒ある温泉地を破壊してきた点があげられる。とくに70年代から急速に普及してきた車への対応に失敗した。温泉地では車社会に対処するために、道路を拡張し駐車場を設置し、不足した用地は建物を高層化することで解決を図った。しかしその方策が小手先で安易であったために、結果は、相変わらずの狭い道路に車が進入して気軽に散策ができず、建物の高層化と駐車場のスペースで景観も味気のない温泉地となった。自然環境に対しても、せっかくの渓谷、海岸、湖の景観が、宿泊施設によって独占され、林立した建物がまちと観光対象との間の壁となっている。地域が有する優れた自然環境をいかすことなく、どこでも同じ温泉地をつくりあげてしまった。

　第三は、都市の拡大、交通体系の変化により、一部の温泉地の立地が悪化してきたこと。都市の奥座敷として繁栄してきた温泉地が、都市観光の人気や都市にホテルなど各種の宿泊施設が進出したことにより都市との競争が生まれ

た一方で、都市域の拡大により温泉地にマンションや住宅が押し寄せてきて温泉街の雰囲気をなくしている。これまで都市に近接していたプラスが、マイナスに転化してしまった。松本市の浅間温泉、甲府市の湯村温泉、山口市の湯田温泉はその例である。

新幹線、高速道路、航空など高速交通体系の進展は、両刃の剣となり温泉地の立地に変化を与えた。高速交通体系から取り残された白浜、別府、高速交通体系の進展が他地域と比較して以前ほどの交通立地の優位性がなくなった熱海、伊東では、宿泊者の増大をはかるのが困難になっている。

### 4.4.3　温泉地の今後の方向

温泉地の課題を解決するために、次の三つの提案をする。

魅力創出の第一として車への対応を工夫する。日本の温泉地は歴史が古いだけに、ヒューマン・スケールの情緒ある雰囲気にあふれた温泉地であった。戦後、多数の温泉地が車で破壊されたとはいえ、人間の歩行尺度でできあがったヒューマン・スケールの町並みの、情緒あふれる温泉地がまだ残る。青森県温湯温泉、山形県肘折温泉、秋田県乳頭温泉郷、福島県岩瀬湯本温泉、群馬県伊香保温泉、草津温泉、静岡県修善寺温泉、長野県野沢温泉、新潟県岩室温泉、島根県温泉津温泉、熊本県日奈久温泉、大分県湯の平温泉などその例である。湯の平温泉を訪れたとき、温泉地集落の景観の素晴らしさに感動した。しかしここでも石段をつぶして車道に変えている。湯の平温泉のこの独特の景観を生かすグランドデザインを早急に描いて、その方向で個々の建物を修復してほしい。

ヨーロッパの都市では常識のことであるが、中心地区の狭い道路から車を締め出して、幅員が十分な外周の道路沿いに駐車場を設置して、その駐車場に入込みの車はすべて預ける。駐車場からは歩くか、宿泊施設までのシャトルバスを利用して、宿泊施設に接近するようにする。スイスのマッターホルン山麓ツェルマットのように、電気自動車と馬車だけの交通にして、駐車場を温泉地の外周に設けるといった温泉地がそろそろ日本にも出現しないだろうか。以前、草津温泉では西の河原への車の締め出しを計画したが、住民の同意を得られなかった。近年、湯畑周辺への車の進入は禁止された。高原部に外周道路が完成

しているだけに、温泉街からの車の全面締め出しが可能であるので、挑戦してほしい。

　第二には、長期滞在が可能な温泉地を目指すことである。日本人には長期滞在は無理だ、日本人は長期滞在を嗜好しないし指向もないといって、今後の対応を怠っていると、海外の観光地との競争に負ける。現状の1泊旅行が6割、2泊旅行が2割という短期滞在の旅行構造は、これからは、ヨーロッパ型の1ヵ月は無理としても、1、2週間の旅行くらいは享受するように日本人の旅行も変化するだろう。いまから1週間滞在しても飽きることのない温泉地、1週間のサービスができる旅館の体制づくりに着手する。

　日本の温泉地では、旅行者が外に出ない、旅館が閉じこめているというが、これまでのように、夕方着いて、風呂に入り、夕食をして、カラオケの自演をして旅館で過ごし、次の朝は早く出発ということでは、まちに出る時間はない。温泉地に旅行者が長期滞在をすれば、昼も夜もまちに出て過ごす時間がふえてきて、まちが賑やかになり、活気がでてきて、現在の問題は解決するだろう。

　ヨーロッパの温泉地は、温泉入浴施設と宿泊施設を核に、散策やスポーツ・レクリエーションを楽しめるクアパーク、長期間滞在しても飽きないように、劇場、音楽ホール、カジノ、レストランなどを含んだクアハウス、そして高級品の揃う商店街などが計画的にしっかりと配されている。

　これまでに自然のただ中にあり湯量豊富な湯治場的な山中の温泉宿に数多く訪れた。東北だけでも岩手県夏油温泉、須川温泉、山形県銀山温泉、大平温泉、滑川温泉、姥湯温泉、福島県甲子温泉などは印象に残る。自然の良さと循環湯でない本物の温泉が利用できるから、人気を集めている。これまでこのタイプの温泉地はとかく交通が便利になると、団体用のそれほど質の高くない大規模な旅館に変身してその特色を失ってしまうことがある。かといって清潔感のないそのままの宿舎でも困る。湯治の習慣を残したまま、小規模でも質の高い宿泊施設を併設することで、将来も現在の路線を維持していくのがよい。群馬県の法師温泉は両者の共存をはかっているし、長野県の仙仁温泉は小規模ながら質の高い路線に転換して好評を得ている。

　第三に、美しい温泉地づくりを目指すこと。豊かな日本の自然に調和した町並み景観にする。個々にはすばらしいデザインの建築でも隣接の建物との調

和には配慮する。宿泊施設がその温泉地にはスケール・アウトになるほどに大規模化しているために、接する渓谷、河川、湖沼などの水辺を宿泊施設が独占して、せっかくの優れた自然景観を破壊している光景が多々みられる。本来、水辺周辺は公共の部分であり、来訪者に開放し、来訪者がのんびりと自然に接する場所である。日本で景観づくりに取組んだ数少ない模範的事例としては、戦後、美しい県土づくりを展開してきた宮崎県とドイツの温泉保養地に学び、周辺の環境を大切にし自らの宿泊施設の水準を高めてきた大分県の由布院温泉があげられよう。

　ヨーロッパでは、農村も歴史のある町並みも、あるいは新しいリゾートにおいても、自然との調和と建物相互の景観の統一を図っている。自然のなかに、建物が一つ、あるいは集落が存在することにより、かえって自然がいきいきとしてくるものである。日本で戦後間もないころの観光標語に、「あなたの家も景色の一つ」というのがあった。この考えは、観光で生計を営む観光業者こそつねに念頭におかなければならない。しばしば開発と保存とは両立しないというが、優れた景観を維持しその景観を育成していくことが、観光事業が将来にわたり繁栄をつづけていくのである。優れた自然景観が存続するかぎり、観光事業は健全な状態で永遠に営めるのである。

　これまで温泉地は個々の宿泊施設で勝負をしてきた。その宿泊施設の集まった結果の宿泊者数が、温泉地の盛衰の指標とされ、観光地のパブリックを充実させたうえでの観光地間競争ではなかった。これからは観光地全体の充実を図り、国際競争に打ち勝つ観光地をめざしてほしい。これまで評判高い群馬県草津温泉、長野県野沢温泉、大分県由布院温泉は、そのような温泉地を指向してきた。福島県岳温泉の、これまで精力を注いできた「ニコニコ共和国」のイベントをやめ、環境を重視した温泉地の魅力づくりという原点に戻った「ニコニコリゾート」の方向は注目にあたいする。

　各温泉地に対し具体的に改善策を提案すると言っても、温泉地は、立地が多種多様であるし、長い時間のなかでさまざまな変化をしてきている。温泉地をどのように魅力アップをするかと問われるなら、それは個々の温泉地それぞれで違うので、個別の解答しかないと言わざるを得ない。個別では解答にならないので、温泉地を特性別に分類したうえで、その特性を生かしていったらどう

第7表　温泉地の特性別区分

| タイプ | 温泉地特性 | | 例 |
|---|---|---|---|
| 1の1 | 商店通りがある | 旅館群との一体感がある | 有馬、肘折、草津 |
| 1の2 | 〃 | 旅館群と分離している | 由布院 |
| 2 | 旅館群が中心 | 旅館景観が統一されている | 銀山、黒川 |
| 3 | 共同浴場中心の形態 | | 小野川、温湯、道後 |
| 4 | 自然が豊か | 生かしている | 鹿教湯、岳 |
| 5 | 温泉の魅力 | | 白骨、指宿（砂場） |
| 6 | 夜の楽しみ | | 上山田 |
| 7 | 自然や観光資源の魅力が少ない | 旅館の質的向上、周辺の観光地へ | おごと |
| 8 | 湯治場 | ふんいきと風呂、自然 | 夏油、板室（変化しつつある） |
| 9 | 療養の目的 | | 玉川 |
| 10の1 | 1軒宿 | 自然を生かす | 蔦、姥湯 |
| 10の2 | 〃 | 風呂の魅力 | 法師、酸ヶ湯、宝川 |
| 10の3 | 点在する一軒宿で統一名称 | 自然と風呂の魅力 | 乳頭温泉郷、奥飛騨温泉郷 |

か、というのが第7表の提案である。表の例はすでにそのような取組みをしているところと、筆者からみてそのようにして欲しいところという念願も入っている。

　基本は、歩いてたのしい温泉地を創ることで、それはまちなかをそぞろ歩きしたり、周辺の山歩きをしたりするところである。

　表中の7の「おごと温泉」には、魅力が少ないというのは失礼であるが、むしろこうした温泉地は全国に多いと思われる。おごと温泉は「雄琴温泉」時代は、ソープランドの集中する温泉地として有名であったが、そののち、このイメージを払拭するために、温泉地の中堅・若手経営者が、「仲良くする」、「勉強する」ことで、2年間月1回集まり、その結果「雄琴内の旅館の真似をしないで、個々が特色を出し、多様性のある旅館サービスを提供する」温泉地となったのである注）。いまでもソープランドは数多くあるが、湖西線の駅名を「おごと温泉」に変更するなど、家族や女性が宿泊する温泉地になったのである。快適な宿泊施設に泊まり、琵琶湖周辺や比叡山、京都を訪れる基地になっているのである[8]。

　温泉地が日本の観光地の主流であることを認識し、美しい観光地づくりをめざして歩み出し、旅行者に感動と満足を与えるような温泉地となり、日本が観光の先進国として国際的に胸を張ることができる日が一日も早く訪れること

第 4 章　四タイプ観光地の課題の解決を図る　　99

を望みたい。


注
1) 溝尾のリゾート関連の論文は以下の通り。
   「行政のリーダーシップを期待する」『運輸と経済』1988 年、12 号、P.36.
   「快適なリゾート創造へ向けて」『観光施設』1990 年、130 号、pp.6-8.
   「リゾートづくりへ再出発」『自治フォーラム』1990 年、Vol.480、pp.5-9.
   「日本におけるリゾート開発の課題と展望」『経済地理学年報』1991年、37 巻 1 号、pp.39-50.
   「日本におけるリゾートの課題と展望」『地域開発』1992 年、8 号、pp.2-7.
   「リゾート、滞在型、快適観光地の確立を」『運輸と経済』1997 年、57 巻 9 号、pp.26-33.
   「日本におけるリゾートの再構築」『地方議会人』2009 年、40 巻 4 号、pp.27-31.
2) 筆者は北御牧村の仕事をしたときに、社長から在村の水上勉がなぜこの地を選んだかを聞き、玉村豊男からは、直接軽井沢からの東部町への移住理由を聞いた。その後、ふたりの対談記録の本が出版された（水上勉・玉村豊男 (1999)：「青空哲学」岩波書店、198 頁）。
3) 各氏とも、多数の論文があるので、ここでは近著のみを紹介する。
   池永正人 (2000)：「オーストリアアルプス・シュミルン村における山岳観光の発展と山地農民の対応―」日本観光学会誌　36　pp.13-28.
   石原照敏 (2001)：「地域政策による観光業と農業の共生―フランス・アルプス・セイヤックの事例研究」阪南論集　人文・自然科学編　第 37 巻第 1・2 号　pp.15-27.
   呉羽正昭 (2001)：「東チロルにおける観光業と農業の共生システム」地学雑誌　Vol.110　No.5　pp.631-649.
4) 1998 年現在、全国に 558 ヵ所の自然休養村が存在する。
5) 1995 年英国の J. Halow と T. Reed の署名入り記事、新聞社と発行日が不明。
6) 「Facts Figures and Fun」(Blackpool Borough Council Tourism Service)
   その他文中の数値は、「Blackpool Visitors Survey 1987」、「1989 Survey of Numbers of Visitors to Blackpool」を使用。その他の施設関係については、「Blackpool & The Fylde Past & Present」を参考にした。
7) ブラックプールの宣伝用のパンフレットや小冊子によくみられる、得意な宣伝文句である。
8) 湯元館会長・日本旅館協会会長　針谷了氏からのヒアリング。

## コラム　道後温泉と伊佐庭翁

日本の温泉地は金余りのバブルのときでさえ、公共空間の整備をすることなく、個々の旅館施設への投資に終始した。これまで、1泊圏の近距離の、団体客を相手に、安穏と日々を過ごしてきた温泉地にツケがきた。今になって、全国との、そして国際間の競争に直面して困惑している。ところがこの時期になっても、地域を根底からくつがえすような抜本的変革をしようとする温泉地は見あたらない。

ここで思い出すのは、道後温泉本館を造りあげた伊佐庭翁である。道後温泉本館は、瓦葺き木造三層の堂々たる建築で、道後温泉のシンボルになっている。漱石ゆかりの「坊っちゃんの湯」としても知られている。この建物は1891年（明治27年）の100年以上も前に完成した。この建物建設に尽力をしたのが、当時の道後湯之町初代町長伊佐庭如矢（いさにわ・ゆきや）である。このころ、旅館には内湯がなく、外湯、つまり共同浴場が1軒あったが、関西方面からの汽船が松山の港に入港するようになり、浴客が増加して、共同浴場は手狭になり、改築することになった。ところが伊佐庭町長が提示した計画は、あまりにも規模が大きすぎたため、反対者は徒党を組み、町長の非を鳴らし、命さえ狙うという噂が出るほどであった。

なにしろ、町の収入が700円程度のときに、総工費は200倍の13万5千円である。反対するのも当然だろう。ところがかれは、「これから国中の人の行き

写真18　伊佐庭翁

来がずっと盛んになる。道後は、地の利は悪いし、付近に遊覧地もない。湯量も少ない。熱海や別府と勝負して人を集めるには日本中の人が驚くようなものをつくらなくてはだめだ」、「百年後までもよそが真似できないものをつくってこそ価値がある」と説得して、道後温泉本館を完成させた。彼の言葉通り100年すぎた今日まで道後温泉本館は価値がある。道後温泉からこの建物を取り除いたら、なんの特徴のない温泉地になってしまうだろう。

ところが、伊佐庭町長はこれだけにとどまらなかった。共同浴場を新築するのだから、もっと客の便をよくしようと、松山の海の玄関口三津浜と高浜から市内

# 第4章　四タイプ観光地の課題の解決を図る

写真19　道後温泉本館

まで来ていた鉄道を、本館完成の翌年に道後温泉まで延伸させる。さらに散策もできないほどに荒れていた県立道後公園を、町が自由に改修してもよいという許可を得て、回遊式日本庭園に計画して、築山を設け、松、桜、柳を植樹し、料亭も建てて、松山市民の集まる公園に整備した。温泉の源泉の拡充や坊っちゃん団子の原型をつくり販売したりもした。

今日、道後の人たちに、伊佐庭翁と敬愛される所以である。嗜好がかわった、海外へ行ってしまう、バブルが弾けた、などと泣き言をいう前に、伊佐庭翁のような人が出てこないのだろうか。反対する人がいる、金がないという、繰り言もよく聞く。金がないのではなく、知恵がないのであって、縦割り官庁を利用すれば、お金がないわけではない。敢然とやり通す決断力があるかどうかが、問題なのである。

**参考文献・引用文献**

Taylor, Ian, Evans, Karen and Fraser, Penny (1996):"A Tale of Two Cities" Routledge, 391p.
Peck, Jamie and Ward, Kevin. (2002):"City of Revolution Restructuring Manchester" Manchester University Press, 256p.
ラシーヌ，P.（1987）:『自由時間都市』パンリサーチ出版局　295p.
髙橋由香（1998）:「文化事業による都市再生の研究」立教大学観光学研究科修士論文　111p.
中西輝政（1997）:『大英帝国衰亡史』PHP研究所　339p.
原重一（1997）:「日本の観光、リゾート問題と農村リゾートの行く末」運輸と経済　57巻12　pp.20-28.
溝尾良隆（1996）:「群馬県新治村におけるリゾート開発計画とリゾート地域の形成過程」　経済地理学年報　第42巻第3号　pp.18-32.
溝尾良隆（2009）:「日本におけるリゾートの再構築」　地方議会人　第40巻第4号　pp.27-31.
溝尾良隆（2011）:「水辺景観と魅力あるまちづくり」溝尾良隆『観光学と景観』古今書院　pp.142-173.
溝尾良隆（2012）:「宮崎県における環境・文化・観光への取組み三好例（その2）」観光施設　No.301　pp.29-33.
藻谷浩介・NHK広島取材班（2013）:『里山資本主義』角川oneテーマ21　pp.27-45.

# 第5章

# 長期休暇時代における観光地の望ましい整備方向

## 5.1 長期休暇制度の導入促進と旅行の質的変化

### 5.1.1 急務の長期休暇の導入

　国内においては3連休化法案が誕生し、すべての産業で完全週休2日制が実施されたとき、これからの課題はすでに与えられている多くの休みを、まとめてとる運動を展開することである。完全週休二日制を採用している企業では1年間の3分の1は休みである。欧米に比較して決して少ない休日の数ではない。問題はこの休日を完全に消化しているのか、まとめて1週間、2週間、連続して休暇をとっているかどうかである。新たに休みを増やさなくても、まとめて取るということを決めていけばよい。国際労働機関（ILO）では、加盟国は、すべての労働者に2労働週を連続して与えなくてはいけないと決めている。ところが日本政府はこれを批准していない。アメリカでも、ドイツでも、フランスでも、休暇は長いが国で決めている2労働週からスタートして、産業別に交渉して労働協約などで6週間とか、8週間という休みを取っているのである。ドイツで進めている計画年休の考え方を導入して、年度初めに各個人の希望休暇を調整しつつ1年間の休暇スケジュールをつくれば、日本でも可能である。長期休暇導入に、経済団体連合会は『休暇を取得しやすい社会環境の整備へ向けて』のなかで、長期休暇の促進を提言している（経済団体連合会、2000）。内閣府も2002年に、経済活性化対策の一環として、長期休暇推進を

積極的に取組む方針を打ち出した（内閣府、2002）。人間の体は1週間休んでようやく疲労から回復し、2週間目から新たな体の変化が生じてきて、休んだ効果が生じてくる。バカンスの語源はここにある。その意味からも、2週間以上、連続して休むことが大切なのである。

### 5.1.2　旅行の質的変化

　これまで量的拡大をつづけてきたが、それほどの質的変化を遂げてこなかった国内旅行は、仮に2週間程度の長期休暇制度が導入された場合、旅行に次のような変化が生じると予想される（第13図）。
① 　海外旅行への指向を強める。
　後述する宿泊施設や観光地が体質を改善をしなければ、国内旅行の伸びは低迷し、海外旅行の増大傾向はつづき、国内観光地の空洞化がさらに強まる。
② 　1日あたりの旅行費は減少し、高額宿泊施設を敬遠する。
　日本人の海外旅行先での消費はこれまで外国人に比較して異常に高いが、これも年間の旅行回数がふえたり、旅行が長期化したりすれば、1日あたりの旅行費用は当然少なくなる。旅館が長期滞在者を望むならば、これまでのサービスと料金のシステムの変更が要請される。
③ 　長期間滞在しても退屈しない観光地、ゆったりとした気分に浸れる観光地を好む。
　海外旅行ですでに経験しているリゾートでの滞在型旅行に、温泉地を中心に既存の観光地も長期滞在できるようなリゾートらしさを付加しないと、新しい需要を吸収できず、外国の観光地との競争に負ける結果となろう。

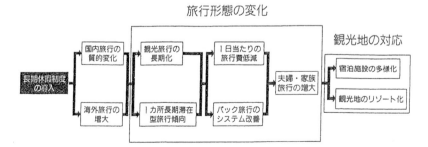

第13図　長期休暇制度導入に伴う旅行形態の変化と観光地の対応

④　大都市に近接しているかどうかに関係なく、広範囲から魅力ある観光地を選択する。

　長期に滞在するため、移動コストの負担が相対的に低くなるので、時間距離と経済距離が増大する遠隔地でも、長期滞在にふさわしい場所であれば選択する。これまで大都市から1泊圏内に位置し、優位な立地を占めていた観光地が留意すべき点である。

⑤　家族旅行が中心となり、国内での利用交通機関は長距離でも車利用の旅行になる。

　長期間、家族を残して、企業の人たちや親しい仲間と旅行することは考えられない。家族の人数と長期ということから荷物が多くなるため、車での移動が長距離の地でも増大する。長時間の移動も、全体の旅行日数のなかでは相対的に移動時間のウエートが減るため、鉄道や航空がいまの高額のままであると、国内では利用しなくなる。

## 5.2　観光地の取組み課題

### 5.2.1　旅行者の嗜好変化への対応

　これまで、日本の観光地は、
①　日帰り、1泊旅行、近県からの旅行者を主体に営業展開してきた。
②　団体旅行が主流な時代は、宿泊施設側は旅行者よりも直接には旅行会社、そしてその代表であるが個々人の判断で動く添乗員に顔を向けていた。旅行者も宿泊施設の選択を旅行会社に依存していた。
③　観光地の市場は高速交通体系の整備で拡大したが、反面、観光地の競合相手は、全国、海外へと拡大している。

　これまで旅行者は観光対象に接し短時間で次の対象地に移動する。宿泊しても、夕方到着して次の日は朝食後出発して帰着するか、次の目的地へと移動する。このような旅行者がこれまで多かったために、国内の観光地は優れた観光資源に依存したり、新たに大規模な集客施設をつくったり、あるいは個々の宿泊業者の努力で、観光客数を伸ばすことができた。そのために、観光地内の自然をいっそう魅力あるように整備したり、駐車場や公園、街路などの基盤施

設を整備したりして、観光地全体の魅力の向上に努めたところは数少ない。

そのような短時間で移動してしまう旅行者も、海外を旅行すると、日本の観光地はつまらない、美しくないという。このような状況が続くと、海外旅行の費用が安くなるなかで休日もふえてくると、海外観光地への指向がますます強まるだろう。

さらに、旅行者は、

① 個人、グループ、家族、異質のグループの集合体であるパッケージ旅行やインターネットを利用して交通機関と宿泊施設のみの予約へと変化している。
② 観光地や宿泊施設の選択権を旅行会社に代わって、ネットで直接予約する旅行者がふえている。
③ 旅行者の旅行の経験が豊富になっているうえに、住宅を含めた身近な居住環境が快適になり、レジャー・レクリエーションを居住地周辺で楽しんでいる。

このような状況下、旅行目的地で旅行者が求める嗜好は変化し、要求水準も高くなってくるのは当然であろう。こうした変化に対応できない観光地や企業が戸惑いをみせている。しかし状況は、戸惑いをみせつつただ拱手傍観ではすまなくなっているのである。

### 5.2.2　観光地の整備方向

それでは、旅行者の嗜好が変わっていて、長期休暇時代にさらに国内旅行に質的変化が予想されるとき、どのように国内観光地は体質改善をしなければいけないのだろうか。

まず、全体の目標としては、長期に滞在したくなるような楽しいまちになることである。海外旅行ではすでに、ハワイ、グアム、最近ではスイスでゆったりとした気分で日本人旅行者が滞在している。芸能人がハワイで正月休みを過ごすというのが、年末恒例のニュースになっている。

スキー場、海水浴場、温泉地、農村地域、自然風景地などの観光地は、リゾートとして発展させていく可能性があり、その必要もある。既存の観光地をリゾートの重点整備地区には指定しないというリゾート法の問題はあったもの

の、既存の観光地もリゾート法とは関係なくリゾートへの整備を指向していくべきであった。

　次にもう少し具体的にどのように観光地の整備を考えたらよいか、述べてみたい。

### 5.2.2.1　豊かで変化のある自然に調和する、美しい集落を

　日本の変化ある自然とは、四季の変化、亜寒帯地域から亜熱帯地域までの気象の変化とその影響をうける植生の変化である。車を1、2時間走らせると、自然景観、人文景観が次々に変化を見せるきめ細かな景観でもある。途中の景色を十分楽しむことができる。日本が世界の豪雪地帯であることを知らない外国人も多数いる。

　日本の自然景観、山岳景観も、決して他国にひけをとることはないと思うが、その自然景観を生かすことが念頭にない。外国人の日本に対するイメージも、新幹線や電気器具、カメラなどの工業技術と、相変わらずの社寺建築である。富士山は別格として、他の山岳、湖沼、海岸の素晴らしさが前面に出てこない。宣伝の仕方にも問題があろう。

　さらに問題であるのは、すぐれた自然景観の前面に位置する集落や観光地が美しくないばかりか、せっかくの自然景観を破壊していることである。個々の建物が自己主張していて周囲の自然との調和がない。

　このような状況では観光地を訪れても感動しない。ところが、観光地が美しくないといっても、一泊旅行が主体であるため、観光地はシーズンになるとあふれるほどの観光客でにぎわっている。そのために観光地をよりよくしようという問題意識が出てこないが、長期休暇時代には、これまでの論法では通用しないだろう。

### 5.2.2.2　優れた観光資源を保護、保全する

　すでに観光資源で述べたように（14頁）、観光資源はいったん破壊したら復元が困難である。この観光資源を大切に保全するとともに、むしろよりよく見せるよう努めることである。観光資源をしっかりと維持管理していれば、将来にわたって旅行者は持続して訪れる。観光業者は、国立公園の規制が厳しい、

種々の法律の規制により開発できないという苦情を言うのではなくて、優れた景観が破壊されたら自らの商売は終止符を打たれるのであるから、観光施設を建設するときでも、新たな建造物である「図」が「地」と調和したり、むしろアクセントとなって景観を引立てたりするような配慮が望まれる。

　日本を、あるいは地方、県を代表する観光資源は、その国の、地域のランドマークとなり、地域のイメージの向上となる。たとえば、優れた山岳景観はランドマークの役目を果たすが、ただ見るだけでは地域振興に寄与しないからと、山岳の中腹までスキー場のような開発をすすめがちである。しかし、その山が荒れ、「観光」資源としての役割がなくなったときに、地域の魅力も喪失する。開発が必要なときも、山麓に質の高いホテルを自然に調和してこぢんまりと数軒整備する程度にとどめることが大切である。それ以前に山岳景観を楽しむ山を選定して、その保全計画を策定して、その後にスキー場の適地として開発してもよい山を選定すべきである。白神山地は開発から危機一髪をまぬがれて、しかも世界遺産に登録された。こうした薄氷を踏むようなことがないようにするためにも、国で「観光資源台帳」を作成することを提案する[1]。

### 5.2.2.3　車を入れずに、歩行者で賑わう中心地に

　長い歴史をもち、ヒューマンスケールでできあがった社寺観光地や温泉地は、これまで車への対応に苦慮しつつ、道路を拡幅したり個々に駐車場を設置したりしてきたが、かえって観光地のもつ情緒、すぐれた雰囲気を壊してしまった。原点に立ち戻り、鉄道利用者にはバスとの円滑な連携を図り、乗用車や貸切りバス利用者には、まちの外周の公共駐車場に車を預け、まちなかへは徒歩ないしは他の交通機関での接近を図るようにする。そうすることで、まちなかの駐車場や道路に余剰空間が生まれる。駐車場のスペースは、たとえば公園として整備するか、イベント広場として活用する。あるいは新たな店が進出する場とする。通りには、街路樹を植栽したり、デザインのよいストリート・ファニチャーで飾ったりして、歩いても楽しい通りにする。

　自然風景地においては、最適収容人員の考え方を導入する。観光地の混雑がひどくて観光者が不快感を抱けば、観光地の評価が下がる。本来は、訪れた本人もその一役をになっているわけだから、文句をいう筋合いではないのだが、

じっさいは観光地への苦情となる。観光地の最適収容人員を決め、それを守ることは、旅行者に満足感を与えるだけでなく、環境の保護・保全にも寄与する。どのような方法でそれは可能であるかについては、ヨセミテと上高地の問題で後述する（113頁）。

### 5.2.2.4 観光対象の見せ方を工夫

東京ディズニーリゾートには年間3,230万人の人が訪れて、その人たちの多くが感動して満足し、リピーターとしてふたたび訪れているので、東京ディズニーリゾートは毎年多数の人を集めることができる。なぜ、東京ディズニーリゾートは楽しいかを研究する必要があろう[2]。ここで観光地の見せ方についていくつか提案したい。

旅行者が観光対象に接近するときに、心の準備をして、観光対象に近づいていく緊張感と期待感を抱きつつ、最後に目的の観光対象に接して感動を得る。こうした感興曲線（カタルシス曲線）を描くように、プロセスを巧みに組み込んだ正攻法の接近方法をとるような見せ方をする。

音楽でも、演劇でも、感動を与える作品には、助走からしだいに盛り上がり、そして最高潮となり、感動の状態で静かに終えていく構成になっている。心を浄化させるカタルシス曲線ができ上がっているのが芸術であるが、観光地もこのような仕組みになっているのが大切である。寺社の位置・本殿に接するまで、寺社観光地ではもともとそのような構成ででき上がっていたが、車への対応や観光業者の営利優先から、その構成を壊して観光地の魅力を喪失しているのである。

門前町の構造を金刀比羅宮、通称こんぴらさんをみると、高松、丸亀、伊予、土佐の四街道が、琴平のまちに"こんぴらさん"をめざして入ってくる。琴平の門前町で合流して、みやげ物店をひやかしながら階段の参道になる。階段の数は785段。きつい階段だが途中にみやげ物店がつづき、昔からの特例であめの販売を許されている日傘を立てた五人百姓を見ながら、本宮に達する。苦労しただけに本宮に達した喜びも大きい。本宮前に張り出した高台からは讃岐富士、讃岐平野、瀬戸内海が一望でき、疲れを忘れさせてくれる。帰りは、書院、宝物館、学芸参考館の数々の美術品や絵馬、重文の芝居小屋の金丸座を訪

れながら、ゆっくりと下っていく。こうした正攻法の見せ方をするから、こんぴらさんは江戸時代から現在まで人気のある観光地になっている。山頂までロープウェーかドライブウェーをつくったらという案がときどきでてくるが、思慮ある人々のおかげでその案はつぶされている。もし、琴平がそのような交通手段を採用したら、こんぴらさんへの参拝客はふえても、門前町を歩く人は減ってしまい、地元への経済効果がなくなるばかりでなく、旅行者にも感激を与えることはなくなってしまう。

　こんぴらさんではなんとかロープウェーや道路の建設が阻止されたが、日本の他地区では失敗例が多々みられる。羽黒山では山頂への道路をつくったために、国宝五重塔、杉木立におおわれた雰囲気のよい2,000余段の階段をのぼる人が減っている。

　一方、出雲大社前の神門通りは、以前大社横に大きな駐車場を作ったために24軒に減ってしまった店が、神門通りにも駐車場をつくるとともに再生に取組んだ3人の他人者の努力で、新たに41店が進出し、昔のような賑やかな通りとなった。

　自然景観に接する場合にも、たとえば福井県東尋坊のように、駐車場から特徴ある断崖の景観に接するまでの間が、みやげ物店と飲食店の参道になっていて、いきなり海になってしまうのでは心の準備ができない。福井県がかなりの投資をして店の撤退作業をしたが、一部の店からの協力を得られただけで、完全撤退までにいたらなかった。

　コースの組み方の例として、十和田湖に到達するには数々のコースがある。そのなかでも青森市から八甲田山を眺めながら、ときどき陸奥湾を振り返り、ブナの林に入り、蔦温泉へと下っていく。ここから奥入瀬渓流に沿う遊歩道をあるきながら感激しつつ、十和田湖に入るルートが推奨に値する。

### 5.2.2.5　見せ方の外国の三好例

　日本のテーマパークの多くが面白くなく、鉱山観光などもただ坑道を見せているだけで、盛り上がりも感動もない。オーストリアの岩塩採掘跡地観光には感激した。入坑する前に白いつなぎに全員着替えさせられた。これだけで緊張感が生じる。坑内では昔使用していた丸太のすべり台が途中2ヵ所にあり、

第5章　長期休暇時代における観光地の望ましい整備方向

写真20　マヨルカ島ドゥラック洞窟

10人くらいで、真っ暗闇のなかをすべり落ちていくのは大変なスリルである。地底の水があるところも暗闇のなかを舟で移動した[3]。

舟といえば、マヨルカ島の鍾乳洞では、光の演出で石筍や石柱、鍾乳石の変化の妙に感動したあと、低地の暗闇で一休みしていると、全員が集結したのを見計らって、暗闇の静寂のなかに3艘の光に包まれたゴンドラが、踊るようにたわむれ始めた。そのうちの一艘はしずかにピアノを演奏する。4曲の演奏がおわると大拍手のなか、ゴンドラは静かに消えていくという実ににくい演出だった。地底が湖であったのも明るくなってから気づいた[4]。鍾乳洞に入る前も、入洞番号を渡されて、いつごろ入洞できるかわかるシステムになっていて、入洞者はそれまで食事をしたり、ビールを飲んだりして、時間の調整をむしろ楽しんでいた。

三例目は有名なナイアガラの滝見物。ナイアガラの滝は近づいて見るだけでも、水量と音の迫力に圧倒されるが、ボートに乗って滝に接近していくとさらに臨場感が増す。小型ボートに全員同色のかっぱを着込んでいく。これを着た瞬間にこれから滝に突入するような緊張感に襲われる。実際に、船はローリ

写真 21　臨場感あふれるナイアガラ滝の見物

ングして、かっぱにはしぶきがかかり裾も髪も濡れてしまう。安全性を確保したうえであろうが、かなりの危険を感じて滝に接近する。見物を終えて、陸上に上がったときは、ほっとすると同時に、満足感とナイアガラの滝の迫力をいっそう感じる。これは旅の思い出になるし、ナイアガラの滝見物を別の人に話すことにもなる。このように、ただ静的にナイアガラを見物した人と、船で滝に接近した人とは、同じ滝でも感動の度合と滝の評価が異なってくるだろう。

　日本の代表的な海岸景観である陸中海岸は、車や鉄道に乗ったままでは、その優れた景観を満喫することはできない。展望台でながめ、そして船で海上から見ることでその迫力が伝わる。知床の海岸景観を鑑賞するのも同様である。これは旅行会社がコースをつくるときに配慮することである。祭りやイベントの見せ方にも、感興曲線の見せ方を工夫しないと、間延びがして退屈する。

## 5.3　国内観光地と外国観光地との比較

　今後日本の一級の優れた観光地が海外の観光地と比肩できるようになるために、外国の類似の観光地と比較して、考えてみよう。

## 5.3.1　ヨセミテと上高地

　高山に囲まれて細長い渓谷に発達した両者は、地形的に類似する。ヨセミテでは、短期一泊の宿泊を予約するのはむずかしく、長期滞在者を優先する。国立公園内は自家用車、バスで入ってもよいが、園内での移動はすべてシャトルバスになる。多数のレインジャーが自然解説員になったり、バスの案内人になったりして活躍する。ヨセミテに限らずアメリカの国立公園では、国立公園ごとに公園内のすべての施設は、内務省の管轄下で一社の民間が運営する（コンセッション方式という）。

　米国の国立公園は有料制であるから、ゲートで宿泊施設の収容人員をコントロールできる。ヨセミテ国立公園のように、日本の国立公園も園内はシャトルバスを利用して、自家用車での移動をなくすようにする。尾瀬でもかつて環境省から入山料が提案されたが、地元の村、県からの反対にあい、その案はつぶされた。しかし有料といってもたいした額ではないし、環境の保護が将来にわたり地域の経済をも支えることを考えるならば、地元で有料化に反対する必要はなかったと思う。

　上高地は自家用車の制限や環境省の指導のもと、民間施設が建物景観の統一をするなど他地域に比較して、その努力は評価される。しかし、貸し切りバスとタクシーですでに飽和状態である。自然の許容量と旅行者が自然を満喫する容量を超えている。来訪者は河童橋に集中して、河童橋から大正池の方向に下って散策するのがふつうになっている。夏の昼のつまらない山岳景観であるが、それでも穂高岳や焼山の大観や梓川の美しさを味わうことができるが、河童橋の混雑はひどい。河童橋からさらに奥の明神池、徳沢まで足を延ばせば、旅行者の分散が図れるし、宿泊して朝夕の気象と自然の変化を味わえば、上高地や北アルプスの素晴らしさは倍加する。

　しかし、旅行者の滞留時間が長くなると、これまで以上に駐車場が必要になるだろう。現在、通年の自家用車の乗入れが禁止されたが、タクシーと貸切りバスを認めているため、駐車場に入れないバスで渋滞がつづいている。滞在時間を延ばして、駐車場問題を解決するには、貸切りバスの乗入れを禁止して、それに代わるのは検討課題になっている新鉄道の導入である。しかしこれも地元のバス会社やタクシー会社の反対で頓挫している。しかし、この状態を放置

すると、安房トンネルの開通でますます交通量は増加して、上高地が危機に瀕する。上高地が国家的財産であることを考えれば、貸切りバスの通行は許されることではないだろう。

当面の対策は貸切りバスとタクシーはやめて、シャトルバスだけの輸送に限定して、最終的には鉄道の導入が望ましい。日帰り旅行者の受け入れをやめて、宿泊者だけにするのも一案である。

### 5.3.2　ツェルマットと千寿ヶ原

立山・黒部アルペンルートは、新しい山岳ルートとして画期的な役割を果たしてきたが、北アルプスを貫通したために、前後にリゾート基地が育たなくなってしまった。スイスでは原則、山越えの車道は禁止である。ツェルマットは外部からの車だけでなく、地元民の車使用も禁止されている。朝夕、ツェルマットからマッターホルンが見えると、滞在者はまちはずれまで出かけて、変わりゆくマッターホルンの姿に見入っている。昼間は登山電車とリフトを使用して、山に登り、ハイキングを楽しんでいる。富山県立山山麓の千寿ヶ原はツェルマットになりうる地域であったろう。冬期のスキー場としての開発が進み、夏季には殺風景の感がある。同じことが乗鞍岳にもいえる。乗鞍岳の山頂近くまでバスを通すことはなかった。遅きに失するが、山頂近くまで乗用車の乗り入れは禁止して、観光バスとタクシーとから乗鞍環境保全税を徴収する方針が打ち出されたのは喜ばしい。

### 5.3.3　アスペン、ムジェーブと日本のスキー場

日本のスキー場ではグリーンシーズンが課題という。しかし、グリーンシーズンに夏涼しいか自然景観がすばらしいか、この条件のないところでは、むしろグリーンシーズンの経営はあきらめて、冬一季型の経営に特化すべきである。好条件に恵まれていて夏期の集客が思うようにいかないところは、自らの施設が自然景観を破壊していたり、冬期の主要なスキー客である団体・若者対応で、サービスが荒れ、設備の手なおしもしないために、他シーズンの家族やグループ客利用に対応できなくなっているからである。

米国コロラド州アスペンは、建物景観の統一だけでなく、コンベンション

写真22　ムジェーブ

のまちとして、さらには2ヵ月もつづく"アスペン音楽祭の町"として知られる。期間中、全米各地から音楽を聞くだけでなく、音楽祭で演奏する先生の教えを受けにきている。日本からの学生や音楽の先生もみられる。

　フランスのスキー場ムジェーブ村を紹介しよう。ムジェーブのスキー場の歴史は1910年代と古く、自然発生的に集落とスキー場が成立していた。しかし、第二次世界大戦後、フランスの他のスキー場が、大規模化、総合的統一化されてきたので、次のように村全体の全面的な改修に乗り出した。

① 建物の高さ、形態、色彩の統一を図る。老朽化した建物を徐々に手なおししながら、統一ある集落が完成。
② まちの中心部からスキー場へ直接つなぐゴンドラの建設。
③ まちの中心部から車を締め出す。地下を駐車場に、地上を公園にする。

### 5.3.4　サンアントニオと東京

　川が平地をつくり船舶の航行を可能にして都市は発達してきた。都市と川

のかかわりは深い。ロンドン、パリをあげるまでもなく、イザール川とミュンヘン、アルノ川とフィレンツェ、川の名が都市名になっているインスブルックは、川が都市の魅力をつくりあげている。京都と鴨川、広島と太田川などは日本でのよい例だろう。新潟市も近年、信濃川との関係を密接にしている。

大都市東京とサンアントニオとを比較するのは適切ではないが、東京の例は、日本の多くの都市の、川との付き合いを代表しているのではないかと思われ、ここで取り上げた。

武蔵国江戸は、相模国とは多摩川が、下総国とは隅田川が境界になっていた。川が行政の境界をつくってしまい、川との親しみが薄れていた。それでも隅田川は幕府が「瀬替」といわれる難工事を貫き、利根川を銚子方面に切り替えたことで、隅田川以東は乾燥化し、農地と住宅ができてきて、芭蕉が生活したり、安藤広重が隅田川を取り込んだ絵を創作したりしていき、親しみのある川となった。

しかし、明治時代以降は工場を隅田川東部に配置させ、次第に川東地区の生活環境が悪化していく。関東大震災、東京大空襲という二度の大きな被害に遭う。戦後、隅田川の水質は悪化し悪臭を放つ。高潮対策も伊勢湾台風後は一層進捗し、カミソリ堤防とよばれる垂直の堤防が2階建ての建物の高さほどに作られた。さらに輪をかけて、川沿いに高速道路を建設して景観は悪化した。隅田川との関係は完全に遮断された。

水質改善が行われてきたのは1960年代後半からで、70年代後半からその効果が現れてきて、78年には花火大会や早慶レガッタが復活した。緩斜型堤防や親水テラスも川沿いに見られるようになってきた。ほそぼそと続けていた水上バスもいまや浅草・浜離宮間は平日で16本、ほかにお台場や葛西臨海公園と結んだり、船内で食事を楽しんだりする屋形船で、隅田川は今日みるように賑わってきたのである。

アキサス州サンアントニオは洪水の後、河川改修して蛇行部分を駐車場にしようという案が強かったが、最終的には、川を生かしたまちがサンアントニオの個性であるという意見がとおり、今日みる美しい都市ができあがったのである。ケルン市ではライン川に向かう緩傾斜地を公園にしている。イギリスの美しい田園地帯として知られるコッツウォルズ地域にある、ボートン・オン・ザ・

ウォーターは、その名のとおり町中に清流があるというだけで、旅行者でにぎわっている。

## 5.3.5 ヨーロッパアルプスと富士山

　等質あるいは同一の観光資源が二県以上にまたがっていると、自県に観光客を誘導したいがために、開発競争になり、資源を破壊してしまう。富士山、十和田湖、蔵王山など全国にその例は多い。富士山が世界自然遺産で登録できなかったのは、山梨・静岡両県の度が過ぎる開発と多数の入山者によるゴミや排泄物の処理が追いつかなかったからである。アルプス山系では原則山越えの道路も、山頂への道路も建設しない。日本でも、尾瀬は新潟、福島、群馬の三県知事による毎年の会談で、貴重な尾瀬を守り育てるのに腐心している例が出てきたし、富士山をめぐっても、世界文化遺産となり、ようやく静岡・山梨の両県が、環境問題に取組み始めた。まずは山岳全体の土地利用計画を策定してから、各県がその持分のなかで、必要な最小限の開発に限定すべきである。

　以上の例をみれば、いかに日本の観光地が美しい観光地を創造する努力を怠ってきたかわかるだろう。これまで国内の観光地は、日帰りや1泊という滞在時間の短い旅行者を相手にしてきたので、個々の施設で対応できた。こんご長期休暇時代には、滞在基地として役割を果たすことができなければ、観光地間競争から脱落するし、すでに観光地が全国競争、ひいては海外との競争になっていることを考えれば、リゾートライフが楽しめるような観光地の整備に取組むことが、早急の課題であることは論を待たないだろう。

　本来、観光地は、長期休暇時代を意識しなくても、国民の生活が向上している今日、観光地の基本的な方向は快適性の提供にある。快適性は、地域全体に、そして各施設において求められる。観光者に素晴らしいと感動を与えることが第一である。そのためには前提となる安全性と快適性の双方をチェックして、1日の変化、美しさをたくみに演出する。そして、自らの観光地が年々美しく素晴らしくなっているという情報を伝えていく。行くたびに何か新鮮さを感じるところが、すばらしい観光地である。

## 5.4　低廉な国内商品づくり
　　―スコットランド・パッケージツアー体験記―

### 5.4.1　新しいシステムによる低廉商品

　これまで述べてきたように、国内旅行が海外旅行と対等に競争できるようになるには、国内の観光地が滞在型・拠点型にふさわしく整備されるとともに、同時に国内旅行の低廉化が現実の姿になるとなれば、日本人が国内観光地に注目するし、日本人が海外に出かけていく一方で、国内に外国人の誘客を図ることもできる。そのためには、航空運賃や鉄道運賃の大幅な値下げやバス・パッケージの改善が求められよう。しかし、現在展開されているような、旅行会社もバス会社も宿泊施設、土産店も採算を度外視しての低廉ツアーではなくて、旅行会社は観光地と協力して、これまでとは違った新しいシステムの魅力ある低廉なパッケージを開発する必要がある。

　低廉な国内商品を造成するのに、国内交通費の問題がある。航空運賃については明るい見通しが出てきた。スカイマークエアラインズや北海道国際航空などの新規参入の航空会社がでてきたうえに、国内外のLCC（Low Cost Carrier 低価格航空会社）が登場し、硬直した運賃体系が崩れている。残るJR運賃も、乗用車とバス、航空との競争で低廉になることを期待したい。長期休暇時代になると、旅行日数が長くなり滞在費のウエートが高く、交通費の比率が少なくなる。そのうえ、休暇が長くなると移動時間を苦にしなくなり、乗用車やパッケージのバス利用が高まり、実質の交通費も安くなる。さらに、航空機のチャーター利用や、バス旅行をしても、現地での移動を少なくして滞在地で時間を十分にとったり、観覧施設の入場を自由にしたりするなどして、これまでの旅行システムを改善していくことが望まれる。もう一つの宿泊施設の料金問題は、低廉宿泊施設である民宿や公共の宿泊施設のサービスを改善することで利用促進が図られたり、前述したさまざまな旅館の料金体系のうちいずれかを選択したりして、観光地全体で多様な選択ができるようになっていくだろう。最近、全国各地に新しい宿泊施設として、ゲストハウスが誕生しており、低廉のため外国人の長期滞在者の利用が目立っている。

第5章　長期休暇時代における観光地の望ましい整備方向

写真23　バス旅行でものんびりと

　ここに紹介する筆者のイギリスのパッケージ旅行体験記は、これからの日本の国内パッケージ旅行の新しい形態の一つとして考えてもよいのではないだろうか。
　1995年夏、イギリス滞在中に、大西洋上に浮かぶスペイン領のカナリー諸島へのパッケージ旅行とスコットランドへのバス旅行を体験した。カナリー諸島のパッケージはどこにもある海浜リゾートに滞在する旅行であるが、7泊朝夕2食付きで約51,000円という安さであった。もちろん、航空券込み、島での空港、ホテル間の送迎つきである。ただし、島内のツアーはすべてオプショナル。それでも、ロンドンで宿泊していた日本でいうビジネスホテルクラスのホテルでの食事なしの部屋代7泊分より安いのには感激した。しかし、パンフレット、旅程はなく、ホテル名もわからず、当然、添乗員はいない。外国人の一人参加には少々心細い面もあった。もっとも、男一人でリゾートへ一週間、行くのがおかしいかも知れない。
　もう一つのスコットランドへのバスによるパッケージ旅行は、周遊型で短期間のバス旅行が多い日本のとはずいぶん異なる。ここに、その仕組みを紹介したい。

### 5.4.2 バス・パッケージの特徴

　宿泊していたマンチェスターの郊外に小さな旅行会社があった。従業員は4名。ここでスコットランドのツアーがあるかどうか尋ねると、バスのパッケージ旅行ではイギリス最大のシェリングス社の国内旅行を満載した厚い冊子をくれた。一目ではどの旅行を選択するかの判断ができないので、ホテルへ戻って、どのツアーに参加するか研究することにした。スコットランド旅行だけの内訳は第8表のとおりである。5日間、7日間、8日間のツアーが基本で、そのほとんどが1ヵ所滞在のパッケージである。バスツアーなのに1ヵ所滞在が多い。筆者は、3泊と4泊にホテルが変わる2ヵ所滞在のツアーを選んだ。ホテルをベースにして、あちこちへ出かけるコースが組まれている。フリーの日は、1日と半日があるだけだ。この1日フリーの日も、現地でオプショナルツアーの募集があって、3分の1の12名が参加した。

第8表　シェリングス社のスコットランドツアーの滞在箇所数別旅行日数別旅行コース数

| 滞在箇所数 | 旅行日数 | | |
|---|---|---|---|
| | 5日 | 7日 | 8日 |
| 1 | 9 | 7 | 12 |
| 2 | | | 3 |
| 3 | | 1 | |
| 4 | | 1 | |

注：シェリングス社「Britain 1995 selection spring, summer, autumn」のカタログから分析し、作成。

　8日間の旅程は、第9表に掲げたとおりであるが、とにかくゆっくりしている。2日目は教会一つを見に行っただけ。7日目は片道1時間、現地の小さな集落で1時間半過ごすのである。暇な時間、参加者はベンチにすわっておしゃべりをしている。

### 5.4.3 なぜ安いか

　ところで旅行費用は、7泊朝夕2食付き約45,000円であった。この安さの理由の一つはドライバーが運転手兼ガイド兼添乗員とほとんど一人でこなしてしまうからである。ホテルとも顔馴染みであるから、バーの空コップの片づけまでしている。運転をしながらの冗談が多く、車内の客を笑わせる。日本の謹厳実直のただ運転するだけの運転手とはおおちがい。日本の若いガイドは説明もつまらないし、客にカラオケを譲ってしまい責任のがれをすることもある。

## 第5章 長期休暇時代における観光地の望ましい整備方向

**第9表 「ウイスキー・カントリーと西海岸漫歩」ツアーの旅程**

| 日程 | 旅程 |
|---|---|
| 1日（土） | スコットランドの Carrbridge 村まで移動。ここで3泊。 |
| 2日（日） | 1日旅行。Grampian 山地を通って、Deeside へ。Braemar 城と Craite 教会を訪れる（Braemar 城は見学出来ず）。 |
| 3日（月） | 1日旅行。ウイスキー醸造で知られる Grantown-on-Spey とスープとジャムの会社で知られる Baxters を訪問。 |
| 4日（火） | Carribring を出発。ネス湖、Laggan 湖、Fort Wiiliam、Linnhe 湖を訪れながら、Oban へ。ここで4泊。 |
| 5日（水） | 1日自由行動。 |
| 6日（木） | 1日旅行。Melfort 峠、Kilmartin、Lochgil-phead を通りながら、Inveraray 城で知られる Inveraray へ。 |
| 7日（金） | 午前半日旅行。Seil 島の Easdale へ。午後、自由行動。 |
| 8日（土） | Oban を出発。Lomond 湖を見ながら、出発地のバスターミナルへ。 |

日本のレベルではガイドはいらないが、運転手にガイドをさせないのは、（前）運輸省の規則による[6]。

　2ヵ所のホテルが同系列のホテルであったこともツアー料金の低下に役だっている。サービス水準に違いはあったが、食事の内容は連日変わるものの、メニュー構成は同じで、肉か魚かの主食を基本に、定食のなかからの選択になる。後半のホテルの収容力が144名で、四つのバス団体が泊まっていたから、この4団体でホテルは一杯だったろう。前述したように、1ヵ所のホテルに1週間のツアーが多いわけだから、同一ホテルに徹底した送客をすることで、宿泊の仕入料金を安くすることができる。

　料金の安さとは関係ないが、夜のショーは充実していて、スコットランドの音楽とダンスの夕べなどかなりの水準で、夜の9時から12時までつづいた。もちろん無料。

　安さの第三の理由は、訪問箇所すべてが入場料のないこと。日本では、入場料のある施設を組み入れて、旅行の魅力アップを図っている。その結果、旅行費は高くなる。この旅行では、入場料のあるところははずしていて、自由時間のときに入場するかどうかは個人の判断に任せるという別途の支払いになっている。

### 5.4.4　ユニークな離合離散

　マンチェスターから指定されたバスに乗ったときはよくわからなかったが、30kmも離れた畑のなか、シェリングス社専用の広大なバスターミナルに着くと、各地からピックアップ用のバスで集められた旅行者が群をなしている。ここには86のバスレーンがあって、当日は60を超えるバスレーンを使用していた。ここで、参加者はパッケージの種類ごとのバスにわかれて旅行が開始する。最終日はこの逆となり、各ツアーを終えた人たちが、ここでまた、帰りの居住地方面別のバスに分かれる。午後5時10分にバス60余台がターミナルから居住地向けに出発したが、どのバスも予定通りに旅行先からターミナルに帰着しないと、このような方式はとれない。ところが、出発前にホテルの近くの旅行会社がくれた簡単なメモに、マンチェスターの帰りの時間が午後6時とあったが、まったくその時間通りにマンチェスターに戻ってきたときは、その正確さにあきれた。

### 5.4.5　参加者の構成

　36名のうち、単身参加の男性が筆者を含めて3名、女性が1名、仲良し高齢女性2名、両親と大学生2名からなる4名の家族、それ以外の26名は夫婦。(若い夫婦が1組のほかは高齢者の夫婦ばかり。歩行がやっとの夫婦もいる。)筆者を除いてはすべてイギリス人。食事のテーブルは指定される。筆者は、単身組のテーブルで、女性と男性が3名ずつで見合いのように向かい合いで、初対面のときは大笑いとなった。

　スコットランドのバスツアーは、日本国内でたとえば阿寒に3泊して、知床の羅臼に4泊するようなものだろう。同じところに宿泊していると、荷物のパッキングが楽なうえに、体調が悪いときは不参加もできるし、もっと個人的に見たいところがあったときには、ツアーに参加しないこともできる。これから日本で長期休暇制度やまとまり休暇が推進されて、1週間のツアーが多くなると、このような形態がふえてくるかもしれない。旅行会社と交通会社、宿泊施設、観光地が一体となって、従来方式を検討して、長期休暇時代に海外のパッケージとの競争に勝ちうる商品を開発することを望みたい。

## 5.5 インバウンド観光の促進

### 5.5.1 日本の真の姿を伝える
#### 5.5.1.1 国際相互理解の増進

「ウエルカムプラン21」で提案された訪日外国人の倍増計画にそって、国交省の精力的な活動とともに、全国の自治体においても外国人旅行者の受け入れを積極的に進めている。「ウエルカムプラン21」が計画された背景には、日本人の海外旅行と訪日外国人旅行との間に存在する旅行者数で4倍、収入では8倍の開きを少しでも縮めて、海外旅行に日本人が出かけた分、外国人の来訪者数を倍増させることで、すこしでも国内の観光地の減少を埋め、国内経済の活性化に寄与するところにあった。経済活性化の大義名分があるからこそ、小泉内閣も2003年度から海外における日本の宣伝を強化することに決定、観光立国宣言をし、ビジット・ジャパン・キャンペーンを展開した。

「ウエルカムプラン21」の計画の冒頭に掲げている「国際相互理解の増進」が重要である。日本人が外国へ出かけていき、世界の人々と交流する一方で、世界の人々が日本を訪れて、日本の人々と交流し現実の日本の姿を知ることによって、これまで抱いていたステレオタイプの、ゆがんだ日本像を改めてもらうところにこそ、「インバウンド観光」の真の意義がある。

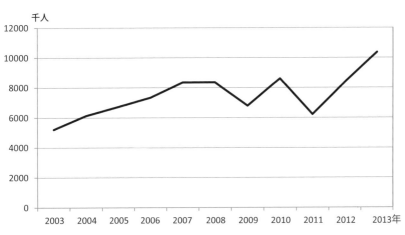

第14図　2003年以降の外国人旅行者数（注：観光庁『観光白書』より筆者作成）

### 5.5.1.2 アジアとの活発な交流を

　21世紀に観光産業は世界で最大な産業に成長し、旅行往来の活発な拠点は、ヨーロッパ、米国とともに、東アジアが、三極の一つを担うといわれている。これまで、東・東南アジア諸国の外貨獲得に日本人旅行者による消費が大きく貢献してきた。最近アジアを旅行してめだつのは、海外旅行の自由化が実施された韓国や台湾からの旅行者である。アジア諸国の海外旅行の自由化と所得の向上により、今後ますますアジア各国からの旅行者は増大し、アジア各国間の旅行者往来は盛んになっていくだろう。これからは人口が多く観光資源も豊富なインドネシア、そして人口が多く、経済力、所得の向上がめざましい中国が注目される。中国は海外からの旅行者の受け入れ地の開放を進めてきたし、いま大連、青島、海南島ではリゾート整備が進捗している。このようにして中国はアジア最大の旅行目的地となっていく一方で、14億の国民が海外へ動き出すアジア最大の送り出し国にもなるだろう。

### 5.5.1.3 日本の門戸を開放する

　2000年9月から、中国からの観光目的の団体旅行が解禁された。しかし、今日にいたるまで日本の姿勢は、外国人がふえることによる治安に対する懸念から、大量に外国人を受け入れる不安感、外国人に対する不信感が先行する。どの国にも日本にも、問題の人はいる。それは比率の問題であって、問題ある少数者のために門戸を狭めているのは残念である。すでに中国の人々は、韓国、タイへの自由な往来を楽しんでいる。しかも個人旅行が中心である。東アジアが世界観光の三大拠点の一つになるのは中国が存在するからで、中国の人たちの10%が海外旅行をするならば、その数は日本の総人口に等しい。目標の外国人旅行者一千万人、二千万人を達成するには、巨大な市場である中国が鍵を握っているだけに、上記のように少しずつ制限を緩和してきたのである。当初、中国人旅行者には高額所得者という制約をし、受け入れる日本の旅行業者にはもしも失跡者がでたら減点が生じるという制約付きの解禁である。その後、添乗員付きの家族旅行を、さらに年収25万元以上なら添乗員なしの個人旅行も認めた。ビザの発給地も、3市5省から全土に拡大された。

　外国人労働者の受け入れ問題でも同様である。バブル期に3K労働に日本人

が集まらなくなると外国人労働者を受け入れて、不景気になると締め出しにかかる。身勝手な対応である。たしかにドイツでは外国人労働者の増大がさまざまな問題を生んではいるが、しかしドイツは日本とは桁違いの外国人労働者を受け入れていての問題である。日本にも群馬県大泉町のように、町の人口4万人余の1割にあたる日系ブラジル人と日系ペルー人を核とした35ヵ国の外国人が日本人社会に共生している国際都市もある。このようなまちを日本各地につくり、日本の国としての姿勢がオープン・マインドになっていることを示したい。

## 5.5.2 日本は遠くて、物価が高いか

　国際コンベンションが少ないことや、インバウンド観光が伸び悩んでいるときに、かならず「日本は遠い、日本の物価が高い」ことが理由にだされる。これは一面では事実であるが、他面では誘客の努力不足の言い訳でもある。ヨーロッパや米国東部からみれば、たしかに物理的距離は遠い。しかし、遠いということは、これまで情報が少ないために親近感がないのが主たる原因であり、さらには、日本の観光魅力が少ないか、魅力はあるがその魅力が伝わっていないという情報の問題が大きいのである。日本の情報がたえずマスコミを通じて流れていれば、行きたくなるという心理的な近さが生まれる。日本の旅行者がヨーロッパを、遠いと感じるよりも行きたい気持ちが優先して、多数訪れている事実がそのことを語っている。

### 5.5.2.1 多様な宿泊施設、料理の選択が可能

　物価の高さについては、ときどき発表される世界の主要都市との比較が東京の物価高を伝える。これも一面の事実をつたえているにすぎない。一流のホテルであれば、東京よりもニューヨークやパリ、ロンドンのほうが高い。住居費もどうようにこれら外国都市でも高い。日本で生活するうえでの食料費の高さは否めない。コーヒー代が高いという苦情を聞くが、これはメインの話ではない。

　旅行者を念頭におけば、宿泊施設については日本独特のビジネスホテルがある。ジャパニーズインやペンション、民宿、ゲストハウスも数多く存在する。

1万円であれば、ビジネスホテルはロンドンのB＆Bよりもずっと施設もサービスも優れている（イギリスの地方のB&Bは優れている）。日本の地方にいけば、ビジネスホテルはもっと安くなる。食事にしても、世界各国の料理があり、しかも値段もピンからキリまで用意されている。多様な選択ができる。このような国は世界どこにもない。さらに移動の交通手段としての公共交通機関が発達している。しかも外国人用にはジャパンレールパスもある。

#### 5.5.2.2 海外での宣伝力の弱さ

外国人旅行者は日本を訪れてみてはじめて、宿泊施設に、料理に多様な選択があることを知る。問題は日本に来訪する以前に、日本は高いという先入観から、日本を拒否してしまう旅行者がいることだろう。

海外での日本の宣伝、情報提供はさまざまな方法で、各種の機関でおこなわれているが、観光では、日本政府観光局（JNTO、前特殊法人国際観光振興会）がその役割をになっている。しかし、JNTOの年間予算は、1999年で韓国観光公社の約5分の1、国家予算が日本が9倍も大きいことを考えると、日本が海外での宣伝に力を注いでいないことは歴然としている。職員数でも韓国の7分の1である。訪日観光客数1千万人を達成した政府は、2015年度から、JNTOを強化することに決定した。

#### 5.5.2.3 日本へのアクセスの悪さ

この問題も、日本を遠くしている要因である。日本が立ち遅れているのはハブ空港の問題である。韓国ではインチョンに大規模な空港が開港。クアラルンプール、香港、上海にも大規模な空港が完成している。シンガポールはすでにアジアのハブ空港になっている。

日本の空港がアジアのハブ空港としての位置づけがなくなれば、他国のハブ空港経由になり、日本はさらに遠くなる。これに輪をかけて、日本の空港着陸料の高さは世界一という汚名がある。着陸料に航行施設使用料を加えた空港使用料となると、成田空港、関西空港の使用料は、パリ、ニューヨークの3倍、ソウルのほぼ4倍、ロンドンの10倍の高さである（1999年現在）。これでは、ますます世界の航空会社は日本への着陸を敬遠する。日本への接近を阻む障害

がこのように存在するのである。さらに、成田や関空にみるように、国際空港に着いても、国内便が少なくスポークがないのだから、ハブの機能が不完全である。羽田と成田が主導権争いをするのではなくて、いかにして両者が機能分担して連携して、両港でハブ空港になる方策が急がれる。

### 5.5.2.4　査証による障壁

　韓国、台湾、香港、タイへ日本人が旅行するときには査証（ビザ）は不要であるが、日本への来訪者の多いこれら4ヵ国・地域の人々が日本に入国するには、2003年段階では査証が必要であり、発給条件、提出書類等に関しての負担が大きかった。2004～05年にかけて香港・韓国・台湾からの短期滞在者にビザが免除され、2013～14年にはタイ、マレーシアからの旅行者にビザが免除された。引き続きインドネシア、ベトナム、フィリピン、ブラジル、中東諸国のビザ緩和を検討している。

## 5.5.3　市場別情報提供とセールス
### 5.5.3.1　市場・嗜好に対応した日本情報の提供
　当然のことであるが、外国人といってもどこの国の人も同じ旅行嗜好であるわけではない。アジアとヨーロッパと米国の旅行者の間には、日本に期待するものが違う。おなじヨーロッパでもドイツ人とフランス人とでは嗜好は異なる。アジアの人々でも高齢者と若者とは、日本に期待するものはぜんぜん違う。こうした違いを念頭に入れて、日本のイメージと具体的なコースを海外の国々へ提示すべきである。筆者はかつて台湾の地域プランナーがトトロの森に興味をもっていて、日本に行ったらぜひ訪れたいといって、トトロの森のテーマソングを歌い出したという驚いた体験をもつ。台湾でトトロの森はアニメでよく知られている。香港・台湾では、日本の芸能情報は、寸時のうちに若者たちに伝わっていく。日本との文化交流を活発に進めていく方向を打ち出した韓国も、香港・台湾のような状況が強められていくことだろう。

### 5.5.3.2　過密、混沌、怪物の日本
　日本の情報がどのように伝えられ、何に関心があるのかという現地サイドの

情報を把握するとともに、日本側から流す情報は、その国の人々の関心事に絞って、国別に情報の内容を変えていかなければならない。

ドイツから遠く、日本、韓国経由で訪れるニュージーランドでは、ドイツの人たちは、日本来訪者よりも数は少ないものの、滞在日数は日本での3倍にも達し、トレッキングなどのアウトドア、エコツーリズムを満喫している。ワンダフォーゲルやユースホステル運動に取組んできた自然嗜好の強いドイツ人が、なぜ日本においては、豊かな自然を楽しむことをしないのか。この点について研究を進めた富川久美子（1998）の論文からみることにする。

ニュージーランドはドイツに向けて、「夢のデスティネーション、ニュージーランド」として、人間の再生、補給、深呼吸の場所を提供すると宣伝している。一方、日本からドイツ人に伝えられている情報は、産業立国。日本製作のビデオは、富士山のほかに、日本の歴史、伝統、日本食、日本人の生活などをドイツ語ではなく、英語で解説している。日本の自然は、ニュージーランドと比較してそれほど遜色ないと思うが、世界どの国とも同じ情報をドイツに流している。ドイツ人の日本に対するイメージを形成する外国発行による日本紹介のガイドブックの表現となると、

不可解な日本人、謎めいた国、東京、もっともおもしろい都市、
というものの一方で、

過密、混沌、矛盾、魂の抜けた怪物、
と、自然の豊かさを伝えるどころか、マイナスイメージを伝えている。これでは、日本にドイツ人が好きな自然を目的で訪れることはないだろう。日本を訪れてみて初めて、日本がこれほどに自然が豊かな国と知り、次は北海道に行きたいという。このような、求めている情報と伝えていく情報とのギャップは埋めていかなければならない。

### 5.5.3.3 東京シティセールスの展開

ここでは具体的に、筆者も作成に関わった東京都の第13次観光事業審議会の答申（東京都観光事業審議会、1999）から、東京都が2000年度から展開している東京シティセールスについて述べてみる。答申は、四つの施策がまず大別されている。

① 高める―東京の観光魅力の発掘と演出
② 伝える―シティセールスの展開
③ 迎える―迎える心と迎える環境づくり
④ つなぐ―協力と連携のしくみづくり

　4本柱それぞれの具体策がインバウンド観光には重要であり、これらすべてが東京シティセールスであるが、ここでは狭義の「伝える」点に東京を絞り、施策として提案されている4点をみることにする。
　第一に、市場のニーズの把握と的確な情報発信として、東京の市場を、東京を含む1都3県の東京圏、全国、外国（欧米とアジア）とに大別三区分して、それぞれに対応する地域・資源施設を明確にしている。インターネットによる多言語使用で情報を伝達する必要性も提案している。
　第二に、戦略的、効果的なプロモーション活動の展開について、具体的に、
① 東京コンベンション・ビジターズ　ビューローを主体に、旅行会社、航空会社など関連業界と連携して、継続的キャンペーン活動をする。
② あらゆる機会をとらえて、知事によるウェルカム・メッセージを発信する。
③ 欧米からの「高い、遠い」のイメージを払拭し、観光地の魅力を具体的に伝え宣伝する。
④ 新旧さまざまな要素をもつ重層的な東京を表現するシンボルを、テーマに沿って設定し、映像に訴えるなどして、新しい東京のイメージ形成に努める。
⑤ 映画やTVのロケに、都の管理する施設の利用できるよう便宜を図る。
⑥ 都の海外事務所を活用し、鮮度の高い情報提供、人的ネットワークづくりを行う。

　第三に、東京のシティセールスに都民や在京外国人の協力を得る仕組みをつくること。
　第四には、国際コンベンションの誘致のための国際的な競争力を強化すること。
　以上の4点を、これまで訪日観光の促進策は（旧）運輸省、国際観光振興会に依存してきたが、東京都も、東京都みずからの宣伝とともに、日本へのインバウンド観光促進のために果たす責務と名実ともに日本の牽引車として世界へ向けて情報発信をする。そのためには、東京都の一観光部局だけで果たせる

部分は少なく、知事を先頭に、都の全部局が区市町村、都民と一体になって、東京シティセールスに立ち上がらなければならないと提案している。

### 5.5.4 受け入れ体制の充実
#### 5.5.4.1 国際コンベンションへの積極的な取組みを

コンベンションに関してはすでに47頁で述べたが、コンベンションの誘致についても、しばしば「遠い、高い」が誘致の障害といわれているが、決してそれだけではなく、まだ日本においてはコンベンションへの取組みが不十分なので国際会議が少ないのである。シンガポール、ドイツ、米国の都市と比較するまでもなく、日本の都市のコンベンション誘致には、予算と携わる人員が少なすぎる。コンベンション・ビューローの要員の質においてもプロ集団ではなく、役所や団体、企業からの手弁当持ちの出向者の集まり。仕事に少し慣れたころに戻ってしまい、また新しい人が入ってくるという、このくり返しでは、コンベンション誘致を強力にはできない。パリが世界でもっとも国際会議が多いのは、地の利はあるが、20年も30年ものベテランが事業に携わって、顔で誘致が通用するようになっているからである。日本最大の都市東京にコンベンション・ビューローが誕生したのは1997年である。欧米の都市では、コンベンションの振興が、都市の盛衰に関わっている。100年遅れで出発した日本のコンベンション事業が早急に欧米のコンベンション事業の追いつくこと期待したい。

#### 5.5.4.2 こころよく迎え入れる

これから増大する在日外国人をも念頭に入れた外国人の受け入れ体制づくりが求められる。日本のスキー場は、アジアのスキー場として国際リゾートを目指す。(旧)運輸省の指定を受けた国際観光モデル地区は全国で42地区にのぼる。筆者たちが国際観光モデル地区の見直しの調査(日本観光協会、1994)をして気づいたことは、

① 地区のなかで一市町村程度の核になる市町村は熱心だが、それ以外はほとんど国際観光地への取組みをみせていない。指定のときは指定獲得に懸命になるが、あとはさっぱりという、よくある例である。この際、地区内の不熱

心な、実際に外国人の来ない市町村の指定解除をしたらよいのではないか。
② 外国人は、1人客、ないしは夫婦の2人客の旅行が多いため、1部屋の利用人数が少ないうえに、語学や料理のこともあって、外国人の宿泊を歓迎しない旅館がほとんどである。長期滞在も困るという。外国人も日本では旅行弱者であることを考えると、これからは、障害者も含めて旅行弱者を受け入れる旅館には、時刻表やガイドブックに記載されている旅館にマークをつけ、他の旅館よりも温かい心をもって受け入れていることを知らせるのもよいのではないか。

そうでなくても、日本人あるいは日本の観光地は内弁慶で、外国の人たちと付き合うのが苦手になっている。こうした機会こそ、海外に開かれた地域・国民に成長するよう努めることを期待したい。

### 5.5.4.3　経済の盛衰に左右されない国際観光政策を

外国からの旅行者1千万人を達成し、さらに2千万、3千万にするという政府の積極的な政策を評価するものの、その理由が経済の活性化にあるところに不安がある。なぜなら、以前実施された海外旅行倍増計画、いわゆるテンミリオン計画は黒字べらし政策で、海外へ大勢の日本人が出かけてお金を使ってくることを奨励した政策であった。そのころ、もう役目は終えたからと、海外で日本の観光宣伝に努めてきた特殊法人国際観光機構（JNTO、日本政府観光局）を廃止しようという動きもあったほどである。すでにみた韓国観光公社と比較しての脆弱さはこうした動きで起きているのである。このように、経済の動静で正反対に揺れ動くような国際観光政策をとりやめて欲しい。

インバウンド政策だけに絞れば、国別に対する情報提供の方法とインバウンド観光や国際コンベンションに取組む専門的な人材育成が課題であろう。新世紀に、日本が海外の国々との交流を活発にすることがなによりも大切であり、国・自治体、産業界、地域の人々が、そのような認識に立ち、外国人の受け入れに積極的に関わっていくことが期待される。

これまではそれでもまだ経済力の強さからアジアや世界の国々から注目されていた日本である。日本式経営の問題が露呈された今日、いつまでも日本を先進国として信頼し続けていくとは思えない。アジアの人たちとの交流を盛んに

して、異国の人たちが相互に理解し合うということが、21世紀の観光にもっとも望まれることと言えよう。国際平和、日本人の国際感覚を養成する観点からも、外国の人々をこころよく受け入れる観光地の体制を整えていくべきだろう。

## 5.6　広域連携—観光地間ネットワークの必要性

　長期滞在になれば、1観光地ですべてを満たすことはできない。周辺の観光地とのネットワークが重要になってくる。しかも、全国、海外との競争となれば、点から線、線から面で、魅力を出していかないと、はげしい競争に打ち勝つことができなくなる。ここではどのような点に留意して、広域のネットワークを形成したらよいか、考えてみたい。

### 5.6.1　観光ルートと観光コースの相違
　観光ルートは固定したものであり、観光対象をテーマ別・季節別に取捨選択して組み合わせたものを観光コースとよぶ。歴史の旅・食通の旅・紅葉の旅などがその例である。このようにストーリーをつくり有機的に結ぶことにより、ルート、コースとしての魅力が生まれる。観光コースは寿命が短いので、アイディアとタイミングで勝負することになる。観光コースは観光ルートの組み合わせによってできあがるが、共通にいえるのは、
① 著名な観光地・観光施設を含めている。遠方からの旅行者ほどこの欲求が強く、知名度にひかれる。
② 大型観光バスが快適に通行できる道路の幅員がある。道路の誘導標識は新潟県のように統一することが望ましい。遠方からも判断できるように「地」の色に工夫をすること。
③ 同じ経路を通らないこと。

### 5.6.2　観光ルートの策定と顕在化
#### 5.6.2.1　ルート上の整備状況の把握
　観光ルートの策定には、観光対象の評価をして、魅力ある観光対象を結びルート化するのが先決であるが、ルートが顕在化するには道路およびトイレな

ど付帯設備の状況、標識などの交通情報、観光対象の現場での説明状況などを把握して、これをもとに必要な整備をしておく。

### 5.6.2.2　観光ルートに名称をつける

やまなみハイウェーはよく知られているし、昔からの「おくのほそ道」はそのまま観光ルートになる。最近では、中国・岡山県の吉備路、関西の日本歴史街道（伊勢―奈良―京都―神戸）、関東の日本ロマンチック街道（小諸―軽井沢―草津―沼田―日光）などの取組みがみられるが、なかなか観光ルートが定着しない。最近では北海道ガーデン街道が脚光を浴びている。ルートの定着を期待したい。

ドイツには地域の特色をよく表す印象的な街道があり、その名に惹かれて多くの人が訪れている。中世の町を結んだロマンチック街道、グリム童話の舞台となったメルヘン街道、古城街道、ガラス工芸のガラス街道、ビールのホップ街道など、ルート名に対する人々の愛着とその名に相応しい観光対象が整えられている。

### 5.6.2.3　定期観光バスの運行

観光ルートを顕在化させる有効な手段は定期観光バスの運行である。定期観光バスそのものは運行が赤字でも、定期観光バスが運行されていることでそのルートを顕在化することになり、団体バスや乗用車が訪れるようになる。岡山県の吉備路は、山陽新幹線の岡山開業のときに、バス会社数社と行政が協力して、新幹線開業日から定期観光バスの運行を開始したので、吉備路がクローズアップされた。

### 5.6.2.4　観光ルート上のインフォメーション

ヨーロッパと米国ではインフォメーション提供がよく機能しており、要所に「i」マークあるいは「?」マークを掲げた案内所がある。案内所までの道路からの誘導標識もある。

これまで観光案内所の大部分は鉄道の駅付近にあったが、近年、「道の駅」の整備により、各地の沿道での情報が得られるようになってきたのは好ましい。

本来「道の駅」は駐車場、トイレ、観光情報の三点セットがなければならず、近年採算性から物産の販売、食事が中心となり、観光情報が手薄になっている感がある。さらに日本では、駅前や道路沿いの観光案内所への誘導標識が道路上にも、地図上にもない問題があり、なかなか観光案内所に到達できないのが問題である。

### 5.6.3 観光コース策定上の留意
#### 5.6.3.1 市場別に異なる観光コースを策定する

　観光行動は、出発地から観光地までの移動に、時間と金がかかるほど、現地でその対価を得ようとして、現地での行動が広域になり、多くの時間を費やすようになる。時間距離、経済距離が長くなると、現地での行動範囲が長く、あるいは広くなるというのは、観光の重要な基本原則である。換言すると、観光対象の吸引力の順にランクづけしておけば、これらの組み合わせでコースを、たとえば東北の観光地においては、関西以遠向き、首都圏向き、近県・県内向きと、コースを策定することができる。この策定した各種コースを選択して、市場に適切な情報を提供すべきである。しかし実際に行っているのは、市場との遠近に関係なく同一のパンフレットをどの地域にも配布しているケースが多い。次の事例をヒントに見直してほしい。

##### 5.6.3.1.1 熊本県阿蘇山の例

　阿蘇山を九州の人はことさら行きたいと思わない。阿蘇は九州であきられたのではなく、九州の人はすでに阿蘇へは行っているので、観光目的では希望しない。九州内には阿蘇を舞台にしたイベント、グルメ、紅葉などの新情報が伝わると出かけていく。しかし大阪以遠になると阿蘇山は九州観光の目玉であり人気がある。このことから、熊本県では、市場を、県内、九州、大阪・東京などの遠隔地に3区分して、それぞれに違った情報を流すことが必要である。

　つまり、県内の人には、県内の自然の景色、料理、行事、レクリエーション活動など、毎月変化する情報を流す。情報を与え、行きたくなればすぐに行動開始できる距離の人たちだからである。第二市場の九州では、県内に流す情報に加えて、県内の観光ルート、テーマ別の観光ルートの紹介をしていく。最

後の東京や大阪など遠隔地に流す情報は、隣接県との観光ルートを紹介する。距離が遠くなるにつれて、旅行者の行動範囲は大きくなるのが通例だからである。そうでなくても大市場をめぐっては全国競争、そして海外旅行との競争であるから、数県が目的を同じくして、各県の一級の観光資源を前面に打ち出していく必要がある。

### 5.6.3.1.2 遠距離からの旅行者は有名観光地指向

山陽新幹線博多開業時に、博多周辺観光地に対する長崎市の観光対策について相談があった。新幹線が博多まで来れば、博多周辺の観光地に滞在して、長崎まで来なくなるではという心配であった。値段の高い新幹線を利用してわざわざ博多まで来て、博多周辺の小規模の観光地には行かない。むしろ博多から新幹線の延長線上に誘致力の強い長崎があり、長崎を指向すると答えた。遠隔からの旅行者は、一級の観光対象を選択する原則が存在するからである。

### 5.6.3.2 旅行業者との連携方法

県や市町村が観光コースを策定して顕在化するには、旅行業者の役割が大きい。旅行業者は半年毎に観光コースを発表するので、観光コースに旅行者を誘導するには、旅行業者が新商品を発表する以前に、旅行業者に伝えなければならない。それを、自治体は自分たちの体制が整った1～2ヵ月前になってから、旅行業者に相談にいくため、旅行業者が対応できない状況が多くみられる。

### 5.6.4 広域連携の考え方

「トラベルサウス USA」の広域マーケティングの報告は示唆に富む（デューイ、1996）。フロリダをはじめ、バージニア、ジョージア、アラバマなどアメリカ南部11州は、米国市場を相手にするときは各州が競争するが、国際市場を相手にするときは、11州が団結する必要があるとして、「トラベルサウス USA」を結成した。結成理由は、「フロリダ州を除いては、南部の州で、国際的に通用する独自のアイデンティティをもつところはない。国際市場の規模と、南部の諸州が海外で個々にマーケティングを行うには、莫大な費用がいる。そこで一致結束して共通の特性、一地域として統合できる独自の特性を利用す

れば、より効果的に国際プロモーションが展開できる。」ということであった。本部をアトランタに、ロンドンと東京に在外事務所を置いた。そしてすばらしいのは、すべての州が国際競争に耐えられるわけではなく各州の役割分担・各州への効果も相違があるのに、各州がまったく均等に年間の運営費を負担して大同団結をしているのである。日本では、県をあげての大型キャンペーンを展開しても、観光客の多寡により、負担金を変えないと協力が得られないだろう。

注
1) 建設省の委託により、（公財）日本交通公社が沖縄を除く全国の観光資源調査を1971年度から73年度にかけて特A、A、B、Cの4ランクで評価したが、特A、Aに関しては『美しき日本　一度は訪れたい日本の観光遺産』（1999年）で発表したが、B以下に関しては公表するにはさらに詳細な調査が必要である。
2) コネラン,T.（1997）：『ディズニー7つの法則』日経BP社、221pは参考になる。
3) オーストリア、ザルツブルクの南部、ハラインにある、もと岩塩採掘場（Salzbergwerk）が観光用に整備され開放されている。
4) マヨルカ島南東部のポルト・クリスト近くにある「ドゥラック洞窟」。
5) 2000年4月に規制緩和され、ガイドなしの運転手単独でもよくなっている。

## 参考文献・引用文献

デューイ,T.（1996）：「国際観光と広域マーケティング―トラベルサウスUSAにみる事例研究」観光文化　Vol.116　pp.8-11.
経済団体連合会（2000）：「21世紀の日本観光のあり方に関する提言」　経済団体連合会　21p.
富川久美子（1998）：「訪日ドイツ人の観光行動と情報提供に関する研究」1998年立教大学観光学研究科修士論文
東京都観光事業審議会（1999）：「東京の観光魅力の形成と活用の具体策について　答申」東京都観光事業審議会　73p.
内閣府（2002）：「経済活性化戦略（案）」7p.
日本観光協会（1994）：「国際観光モデル地区調査報告書」日本観光協会　138p.
溝尾良隆（1996）：「長期休暇時代の旅行形態と観光地のあり方」観光文化　Vol.116　pp.12-17.

# 第6章

# 観光政策と観光研究を、高め、強化する

## 6.1 観光政策の変遷

**6.1.1 世界の観光政策－サステイナブル・ツーリズムとプロプアー・ツーリズム**

1972年に、「ローマクラブ」で初めてサスティナビリティの考えが出る。人間の基礎的欲求を満足させながら、地球の持続を目指すことである。

同年、国連の人間環境会議で、開発と環境を調和させる言葉として登場し、87年、国連の「ブラントラント委員会」でサステイナブル・ディベロップメントの用語を、「未来の世代がその必要に応じて用いる可能性を損なうことなく、今日の必要に応じて用いる開発」と定義した。

1992年、リオデジャネイロ「環境と開発に関する国連会議」（地球サミット）において、サスティナブル・ディベロップメントがテーマとして採用された。具体的な行動計画として「アジェンダ21」が採択され、「持続可能な開発委員会」を設立して、その取組みを検討することにした。

1999年4月の第7回「持続可能な開発委員会」の会合で、「観光と持続可能な開発」が議題となり、「すべての主要な関係団体、地元の社会が協力し、適正な戦略を開発することにより、貧困を削減するために、ツーリズムの持つポテンシャルを最大限に活用することが望まれる」を宣言する。

同年6月の国連環境開発特別総会で、新しい作業計画に「観光」を組み入れる。アジェンダ21を実施する勧告・支援機関としてCSD（The Commission on Sustainable Development）が設立され、政府に対して12項目を、観光産業に対しては7項目を、政府や主要グループにはWTOと共同して15項目の実施を要請した。WTOは、世界観光倫理規程を策定。観光事業者は、観光者の欲求充足や安全を確保しながら、観光地の環境を保護し、その文化を尊重するよう、要請する。

　2002年、南アフリカのヨハネスブルグ「持続可能な開発に関する世界サミット」において、観光が持続可能な開発の先導的な役割を果たす産業の一つであると、公式に認める。

　同サミットで、2002年をエコツーリズム年と国際山岳年を宣言し、「観光事業における貧困削減」に取組むことを報告する。WTO（世界観光機関）は、国連の調査機関として、名称もUNWTO（United Nations World Tourism Organization、国連世界観光機関）となる。WTOはST-EP（Sustainable Tourism-Eliminating Poverty）構想に取組む。事務局はソウルにあり、国連ミレニアム・プロジェクトで8つの目標と15の具体的目標を掲げ、その実効に取り組んでいる。実践の根底に、PPT（Pro-poor Tourism）がある。これが2015年までに達成されれば、5億人が貧困から引き上げられ、2.5億人がこれ以上飢餓にさらされなくなるのである（現在10億人に人々が飢餓に苦しんでいる）。2003年には、9月27日を「世界ツーリズムの日」とし、ツーリズムは、「貧困削減、雇用創出、社会調和の推進力」をテーマとすることにした。

　2012年、「リオ＋20」（1992年から20年で再びリオで、を意味する）において、自然エネルギーやリサイクル導入などで環境保護に軸足を置いた「グリーン経済」をすべての国が追求すべき目標に位置づける。2014年秋までに指標作りを進めることで合意した。

　しかし、新興国・途上国側は、それは「経済成長の制約」になるので、余裕のある先進国がまず率先して浪費を改め、資金や技術の支援を積極的に行うべきと主張した。

### 6.1.2　日本の観光政策

　日本の観光に対する政策の歴史的変遷をふりかえると、ほぼ10年ごとに大きな潮流がある（溝尾、1995）。

(1) 戦後（1945～54年）の産業復興を担い手として、観光産業に対して積極的な法律が立案されている。国家機関としての観光事業審議会の設立もこの時期であり、国際観光を含めた観光政策に関する基盤となる法制度が確立された時期である。

(2) 1955年以降は、大量観光、大衆観光へと観光の形態が変化した。観光事業審議会で提案した揮発油税を目的税化し、高速道路を整備することを狙いとした道路整備緊急措置法（1958年）が施行された。これは現在でも存在しており、道路整備の有効な財源となっている。また60年には第1回目の全国旅行動態調査が実施された。その後、ほぼ5年おきに実施されてきた国で行う唯一の観光旅行の実態調査である[1]。63年には、観光基本法が施行され、観光政策審議会、観光対策連絡会議が総理府に設置された。東京オリンピックを迎え、海外旅行の自由化、観光白書の発表など、日本の観光政策が本格化しはじめたのはこのころである。

(3) 1965年以降、国内・海外の旅行が急成長をする。1969年の新全国総合開発計画で初めて、大規模な観光プロジェクトが登場し、年金保養基地（旧厚生省）やレクリエーション都市（旧建設省）などが着手された。しかし66年の古都保存法の施行、68年文化庁、71年の環境庁の設立などにみられるように、国土開発が盛んになっていくなかで、保護・保存の問題も深刻化してきた。

(4) 1975年からは、大分県の一村一品運動を契機として、自らの力による地域振興が問われてきた。大分県の一村一品運動は、北海道の一村一品運動、熊本の日本一づくり運動、隣国中国のまちづくり運動までに影響を与えた。現在でも、JICAが中心になってアフリカやアジアの国々で「One Village One Product」運動を展開している。

(5) 1987年には総合保養地域整備法（リゾート法）が成立した。リゾート法の施行は、豊かな社会への出発、観光地の体質改善へと期待をしたが、結果は、バブル経済期と重なり、国土破壊の元凶といわれるほどの惨たんたる状況になったのはすでに見た通り。88年に「ふるさと創生」による1億円交付により全国各地で地域振興を目的として、各種観光事業が展開された。国際観光に関しては、87年には日本の黒字べらしの一環から、海外旅行を

500万人から1000万人に拡大し、外国での消費を奨励する海外旅行倍増計画（テンミリオン計画）が打ち出された。こうした政策に国内の観光地から反発が生じて、国内の観光振興に焦点を当てた観光振興行動計画（TAP'90'S）が策定された。海外旅行と訪日外国人のギャップを埋めるために、観光交流拡大計画（Two Way Tourism 21）が1991年に立案されている。

(6) 1995年の観光審議会答申を受けて、96年に訪日外国人旅行者倍増計画を策定。その後、何度か基準年を変えながら、最終的に2003年524万人を、2010年に1,000万人にふやす基本戦略を策定した。目標を達成するために、年に30億ないし50億円の予算をつけたビジット・ジャパン・キャンペーンを展開した。国の観光政策はこれまでの1省ではなくて、内閣が率先して関係省庁すべてが協力する景気浮揚を目的にしたものである。さらに内閣府は経済活性化対策として、長期休暇の促進にも取組むことを発表する。

(7) 2004年にインバウンド観光促進の一環として、国交省、農水省、環境省の三省による景観法が成立した。同年にはユネスコの世界遺産を受けて、日本に重要文化的景観の選定が行われた。

　2006年には41年ぶりに観光基本法を改訂し、具体的な事業展開ができる観光立国推進基本法が2007年に誕生した。政府は本腰をいれてインバウンド観光の促進に力をいれるために、長年の懸案であった観光庁を08年に設置した。同年に環境省がエコツーリズム推進法を施行した。

## 6.2　観光行政の取組み課題

　以上、観光政策の変遷を概観したうえで、観光行政がどのような課題を抱えているか。次の観光の意義5点を念頭に置き、筆者の意見として、(ア)〜(ケ)にまとめる。

① 国際観光の振興：異文化理解と平和の促進、国民の国際性の涵養
② 外貨獲得による日本経済の活性化、及び国内地域振興への寄与
③ 観光資源の保護育成：美しい国土の創造と国土の保全、観光事業の持続性
④ ソーシャル・ツーリズムの促進：観光レクリエーション施設・地区の整備、旅行弱者の旅行促進

⑤ 観光旅行の安全の確保・旅行者に対するサービスの向上と保護：宿泊施設の審査基準、旅行業の登録審査

(ア) 国民のための余暇、観光に対する総合的かつ総括的な政策を

　日本では、観光は民間が担当するものであり、行政が行うときでも、観光とか国際がついたときのみが旧運輸省の管轄で、他省庁では、たとえそれが観光関連の事業であっても、他の名称を使用する。そのためとくに旧国土庁所管の全国総合計画でもなかなか観光の用語が使用できなかった。近年、「交流」の用語を使用するようになったのもその流れである。

　そのため各種観光振興のための施策も各省庁間の調整が必要となるため、実際の事業主体である県、市町村、民間企業がその対応に苦慮し、事業推進の力が分散されてしまう懸念がある。

　観光関連の4分野をとりあげてみても、以下のように事業を推進する省庁は多岐にわたる。下記にない文部科学省も体育・スポーツ関連施設や美術館・博物館を担当する。

例）国際観光振興：国土交通省、外務省、経済産業省、厚生労働省、法務省、財務省
　　観光レクリエーション施設：総務省、農林水産省、林野庁、国土交通省、内閣府、環境省、水産庁、経済産業省
　　観光対象となる資源の保護：環境省、文化庁、林野庁、国土交通省、外務省、水産庁、内閣府、農林水産省
　　宿泊施設の登録：厚生労働省、国土交通省

(イ) 観光白書の内容の充実

　観光白書では、観光に関する統計的な意味は高いものの、こんごは政策の成果と反省、長期的展望に基づいた政策提案をもっと強化する。

(ウ) 観光政策審議会の再設置

　省庁再編と原則審議会の廃止により、観光政策審議会も消滅した。しかし別の形での、観光政策会議は必要であろう。これまでの観光政策審議会のよう

な官僚主導型、一省主導型を別の形に転換させる。イメージとしては、戦後発足した「観光事業審議会」である。このときは産業界、官界が総力をあげて結集して、日本の産業復興に観光事業がどのように果たすかを議論し、具体的に効果的な事業を展開したのである。このように、政策論議をもっと積極的に行うことや、構成メンバーに関係団体の長ばかりでなく、専門家や関係省庁の参画等をはかるべきであろう。メンバーは、個人レベルでの観光に熟知した業界と自治体の代表者、学界から構成され、現在の日本の観光で取組むべき課題を議論して、テーマを決定する。そのテーマに沿って専門家の集まりである専門委員会で具体的な解決策を提示して、再度、提示されたものを審議会で審議し、承認にこぎつけていくことであろう。

(エ) 観光統計の充実

観光庁が都道府県別の「宿泊旅行統計調査」を実行に移した点は高く評価できる。これでこれまでの懸案であった宿泊の単位が延べ宿泊者数に統一され、都道府県別に比較できるようになった。さらに外国人の宿泊者数も正確に報告されるようになった。

さらに入込者数の把握に取組んでいる。その努力は多とするが、あまりすすめられない。むしろ、都道府県で発表している入込み者数はすぐにでもやめてほしい。島嶼のように入口出口がはっきりとしているところはよいが、有料施設でないところは、どのように調べても、数値は正確ではない。あいまいな数字なのに5年後に何%に増やすという計画数値も必ず出している。もしやりたいなら、年に4回くらい、同一日に1日中、カウントし、それを観光地ごとに発表する。もしくは有料施設のデータだけを発表する。ある特定時期に発生する初詣やイベント・祭り、あるいは海水浴の人数などは正確ではないので、有料施設同じように別枠にして発表する。あるイベントでは、35万という発表があったが、調べてみたら7万であったといわれる。浜松まつり276万人が100万とか165万くらいではないかと、新聞で報じている（1984,5.13 新聞名不明、静岡版）。

(オ) 宿泊施設基準の見直しと評価

旅館業法に基づく宿泊施設としての認可は衛生面からである。それに加えて、民宿や夕食を出さないB&B形式に対応した基準の設定や経営者講習会の受講や利用者データの届出報告等の義務化を図るべきである。さらに、多くの外国の国々で実施されている国民にも外国人にもわかりやすいホテル、旅館の評価基準にも取組むこと[2]。

（カ）　美しい国土の創造と全国観光資源台帳の作成

　美しい風景や優れた文化に接して、感動し、学ぶことにより、自らの精神を高めていくところに、観光の意義がある。すでにふれたように観光対象となる観光資源は、人間の力では創造できない自然資源や、人間がつくったものではあるが、長い時間を経て価値が出た人文資源に分けることができる。いずれも、一度破壊したら復元のむずかしいものである。しかし、しばしば観光対象となる自然資源は、農業や漁業、工業などの産業やエネルギー目的の資源利用などと土地利用上競合し、破壊されてしまう。八郎潟は水田に化し、大都市の周りの遠浅の海岸は工場によって占められ、海外の旅行者から絶賛を浴びた瀬戸内海は、その面影はない。

　日本の代表的な景観を生み出している富士山、尾瀬ヶ原、上高地などをはじめとして国民に感動を与える観光資源を守り育てていくことが急務となっている。それが達成されたときに美しい国土が創造される。

　ところで若者が「観光」旅行しなくなっている。スキーやヨット、テニスなどのレクリエーション活動はするが、美しい風景に接し感動する機会が少ないことは問題で、「見る（観る）」ことの重要性をもっと国民に訴えていくことが必要であろう。

　その前提として、都道府県が協力して日本の観光資源を評価し全国観光資源台帳を作成して、すぐれた観光資源の保全に努めることが必要になる。

（キ）　観光人材の育成

　観光関連学科を有する4年制大学は40に達したといわれる。毎年、かなり多くの観光学科卒業生が社会に巣立っているが、そのうち観光関連の企業には3割しか行かないので問題だと観光庁はいう。そのため観光庁は観光学科のカ

リキュラムを社会で役立つように検討を進めてきた。筆者の経験では、3割は順当な線ではないかと思う。観光関連の企業に行きたいと思っても受からない学生がいるし、優秀な学生は、賃金が高く労働環境のよい企業へ就職する。コンベンション分野をみても、それほどの数を受け入れる企業側もすくない。観光学科に限らず、日本の企業は、文系の場合は専門を問わず、個人の能力を判断して採用する。専門が法学、経済学、文学でも、観光学科とまったく対等である。ホテル学科を出たら、全員がホテルに就職できるという企業風土になれば、大学側もそのように対応するだろう。むしろ、大学時代に観光学を学んだ学生が、観光学の視点からさまざまな分野で活躍している姿をみるのでよいのではないか。

　朗報は、都道府県あるいは市町村の自治体が大学と連携をして、観光の商品づくりをする傾向が強まってきていることである。


（ク）　ソーシャルツーリズムへの一層の取組み

　旅行弱者（身障者、高齢者、低所得者等）に対するバリアフリー化をさらに推進する。その他に、国が高額な宿泊施設に投資して、低額料金で旅行者を受け入れるよりも、フランスの休暇村のような所得に応じた宿泊料金等を適用する公的宿泊施設を検討する。あるいはスイスなどで実施されている宿泊料金に抵抗感がなくなる旅行小切手のシステムなども検討に値しよう。


（ケ）　国直轄による先導的事業の必要性

　リゾートの指定にみられたように、自治体が国からの指名をめぐっての過熱な競争を展開した結果、適地でない地域が指名を受けて満足しているのは事実で、そのため良質な観光事業が行われていない。むしろ、国際的なリゾートを国がモデルとして5ヵ所程度指定をして、アメリカの国立公園を民間一社に管理運営させながら、内務省国立公園局が入国数と宿泊収容力と宿泊の料金、建物のデザインなどの規制をしっかりとしているように、規制を前提にした民間企業の誘導が望まれよう。

## 6.3 観光による地域振興

### 6.3.1 産業振興の一翼をになう

2012年観光庁の調査によれば、日本人の旅行消費はほぼ22.5兆円となり、日本国内にもたらす波及効果は46.7兆円に達すると報告されている。

将来、本格的な長期休暇が法律によって制度化されるならば、日本人の旅行は長期化し、大型化し、質的変化をとげ、観光産業の規模はこれまで以上に大きくなるだろう。

### 6.3.2 山村地域を守り育てる

薪炭、養蚕、木材の産業が衰退ないし低迷するにつれ、林業や農業の先行き不安から、農林業離れが各地で生じ、農山村地域の人口は大幅に減少するとともに、高齢化率も高まり、地域を維持するのが困難になってきている。このことが日本の美しい農山村地域を荒廃させている。美しい快適な農山村地域を維持するためにも、観光と農林業の連携を図り、観光が農林業振興の一助になることが期待される。

山村地域は水の供給をはじめ、国土の保全には重要な地域である。山村を維持管理する人たちが山村で生活することで、国土が保全され、美しい国土が創造されるので、ヨーロッパのように山村生活者に林業従事者もふくめて不十分ながら直接所得補償を与えることになった。森林や田畑に人の手が加わり、個々人の家屋がここちよく、集落が周囲の自然環境に調和しているならば、都市から山村に訪れる人たちも感動し、山村への旅行者も増し、都市と山村との交流が生まれ、山村での消費も拡大するだろう。

山村地域の荒廃を食い止め、優れた景観を守り育てるためにも、山村の人々が安心して生活できる対策が緊急の課題になっている。

### 6.3.3 都市の再生・発展に寄与する

これまで都市は、工業と商業を産業の基軸に据えて、さまざまな催し物を展開しながら、あえて文化とか観光を意識しなくても、多数の人々を集めてきた。

しかし都市のイメージを高め、「すばらしいまち」と口の端にかかるには、文化と観光に優れているのが大切ということに遅ればせながら行政は気づいた。この点については、4.3　隆盛の都市観光地と 3.3.3.4　コンベンション産業で述べた。

## 6.4　人的交流を盛んにする

### 6.4.1　被災地への地域貢献─ボランティア・ツーリズムとダークツーリズム

　自然災害により交通基盤や宿泊施設が被害を受け、被災地への旅行が取りやめになる。余震の心配もある。行っても、物見遊山と白い目で見られる。こうしたさまざま理由から被災地への行こうとする気持ちが萎縮する。災害前に予約していた修学旅行や職場旅行、その他すべての旅行が取りやめになってしまう。そのため、他の産業とおなじく、被災地の観光は壊滅的打撃を受け、経済復興には多大の時間がかかる。

　こうした問題の解決の一助としてボランティア・ツーリズムの考えが出て来た。古くは雲仙普賢岳の火砕流で打撃を受けた島原市へ、全国から集中送客をした旅行業者があった。ボランティア・ツーリズムの考えは、震災の現場を訪れてじっさいに見、TVの映像との違いを肌で感じる、震災にあった人から当時の話やその後の取組み、現在の状況を聞く。さらに積極的にボランティアとして作業に参加する。「見る・聞く・参加する」。外部のよそ者と受け入れ側とが対等の関係になり、相互の交流が生まれる。参加者は戻ってから家族や友人に体験を語る。

　その結果、受け入れ先に消費が生まれ、観光の特性の一つである、即効性のある経済効果を地域にもたらす。観光の経済効果は、宿泊施設を例にあげると、1次産業から食事などの原材料供給を仰ぎ、酒類、家具調度類、土産品などを2次産業や3次産業から購入する。つまり宿泊産業はさまざまな業種と関わりを持っているので、現地を訪れる宿泊者が増すならば、各種の産業・業種に観光の波及効果がおよぶ。他産業が復興未だのときに、地域へ早い活性化の役割を担うのが観光である。もちろん観光産業がうごいていることで雇用効果も生まれている。

行く前に大事なことは、ボランティアを必要としている地域と内容が刻々変化しているから、地域全体（できれば県レベル）を見渡しながら、どこで何のボランティアがよいかを判断してくれる機関からの指示を仰ぐことである。現地では災害の状況についての語り部・ガイドがいるとよい。こうすることで現地のひととはワンクッションがおけるので、外部者が土足で入った気分もやわらいでよい。

　いまでは復興庁が積極的に社会人や学生を対象に、ボランティア・バスを運行している。旅行会社も地域支援とか復興支援の名のもとに、ボランティア・ツアーを企画している。現地で、旅行者が草刈りや農地や個人の庭の整地、瓦礫処理などに関わっている。

　東日本大震災は、地震による崩壊だけでなく、津波による被害も大きく、今後堤防を築き以前の地で生活するか、安全な高台に移転してあらたなコミュニティを作るかという問題が生まれている。さらに福島の原子力発電の事故に伴う放射能汚染の問題は未解決で、いまだ先が見えない。かなりの長期戦が予想されるのでこれからもボランティア・ツーリズムの続行が望まれる。

　1990年代後半にヨーロッパから出て来たダークツーリズムの考えが、東日本大震災の被災地に適用してよいかどうかで日本の観光学界で問題になっている。ユネスコの負の遺産として登録されているポーランドのアウシュビッツや広島の原爆ドームは、旅行者がこの地を訪れて、人間が犯した過ちを今後くり返さないという誓いするのが目的で、このような地を訪れるのがダークツーリズムである。

　しかし、それに対しさまざまな意見がある。東日本大震災は、地震・津波による自然災害であって人間が犯した災害ではないのではないか。過去の津波の記憶を忘れて、海岸部にまちをつくったり、堤防をつくったりして安心してしまうのではないか。被災者が災害を風化させないためにも、あるいは他地域の人も何年にわたり現地を訪れて想起するためにも、ダークツーリズムの対象地として、被災にあった建物を残すべきではないか。いや、建物が残っていると悲惨さを思い出すから、撤去すべきだと、現地でも意見が分かれる。でも原発に関しては最も安全・安心と言ってきた人間の傲慢さへの警鐘を鳴らす意味でも対象になり得るのではないかなど…。

著者は、現段階では東日本大震災の被災地にダークツーリズムを適応するのは望ましくないと考える。現にまだ完全に復興し元の生活に戻ったとはいえない段階であるし、福島の放射能問題は長期戦である。被災地が完全にもとに生活に戻ったときに、被災地の人々が今回の災害を忘れないために、記憶にとどめる記念碑的なものを作ったり、建造物の一部を残したりしたときに、その地がダークツーリズムの一つの対象地になると考えたらどうだろうか。それにしてもダークツーリズムという言葉には違和感がある。

コラム
　　ボランティアツーリズム、
　　日本での誕生

　著者の経験から話そう。T大学理事長兼学長から、2011年3月末、経済学部長にメールがあり、大学として被災地支援の取組みをしたいので、具体策を考えて欲しいとの指示があった。さっそく観光経営学科の教員が中心になって検討を始めた（当時、筆者は観光経営学科に所属し、まだ地域経済学科は設置されていなかった）。そこで現地の旅行会社に下調べや受入れ体制をお願いし、8月中旬に教員だけで現地を訪れた。現地から、とにかく現地を見てくれるのが一番。観光の一環でも、気にしないでくれという要請があった。
　全学対象の特別教育プログラムが出来上がり、募集を開始した。予想外の400名近い学生の応募があった。9月13～16日の4日間の滞在で、八王子キャンパス発着のバス8台による移動となった。現地で使用する道具類は、手袋、履物以外、スコップや長靴など必要な用具は現地で用意してくれた。4班に分かれ、気仙沼の大島で菜の花畑の復興、石巻の幼稚園での読み聞かせ紙芝居、東松島での神社清掃ほか、著者ら担当の石巻市相川小学校での校庭清掃だった。南三陸町には全員集まり、現地の状況、津波に対する避難方法や被災後の地域活動について話を聞くことができた。こんなわずかな日程でも学ぶことが多かった。

◎ふだんから地域社会と外部の人たちとの交流の必要性。
　避難の呼びかけ、避難所に集まってからのまとまりも、ふだんから地域の人たちに目配りをし、お互いが顔のわかっている人がリーダーになったのでまとまりやすかった。その人を含め、以前から外部と取引きをしていたり、知り合いだったりした人たちが、救援にすぐに駆けつけてくれた。こうした地域内の活動のほかに、観光分野でいわれるコミュニティ・ベースト・ツーリズム、地域が主体となった観光事業をすすめ、外部の人たちと交流する取組みを、ふだんから実践していくのも重要であることが理解できた。

◎相川小学科の適切な判断と日常の訓練

押し寄せた津波の引き方を見て、次の津波は大きいと判断して、3階建ての校舎でも危ない、学校の屋上と同じ高さの、ややはなれた山の中腹にある祠まで逃げることにした。子供を引き取りにきた親の確認は時間がないので、チェックはしなかった。ふだんから子供たちには祠まで逃げるように教え訓練をしていた。ところが祠で状況をみていると、ここでも危ないと判断して、全員、道のない斜面をのぼり、小さな山だがここを越えて、反対斜面にある保育所（4月開園予定で空いていた）に逃げることにした。われわれも実体験させられたが、けものみちを安全を確認しながらゆっくりと越えたが、小学1年生の子どもたちが、みぞれの降る悪天候のなか、必死によじ登ったかと思うと、涙が出て来た。

◎真剣に取組んだ学生たち

学生たちにも感心をした。「特別教育プログラム」として2単位を出すことにしたが、3万円も払って今回のプログラムに学生が参加するだろうかの不安があった。ところが学生の参加者が400名近くにも達した。八王子を朝9時に出発するバスに誰一人として遅刻しなかった。学生たちは東日本大震災に何か

写真24　被災した相川小学校の校庭整備をする学生

したいという気持ちが強かった。説明会でも、バス車内でも、ふだんの授業では信じられない、私語はなく、熱心な態度で参加していた。終了後のレポートもほとんどの学生が提出し、発表会にも大勢の学生が参加した。相川小学校の校庭整備や室内清掃にもなげやりの学生は誰一人としていなかった。「出来るところまでで、残してもいいですから」と言っていた教頭・校長が、短時間で校庭から石やガラスの破片、輪立ちの跡がなくなったのを見て、学生たちに大いに感謝の意を表していた。

次年度、もう学生の熱も冷めて少なくなるのではと思ったが、231名、3年目274名が参加した。リピーターの学生も多かった。

欧米で始まっているボランティア・ツーリズムが、東日本大震災を契機に、日本でも始まるのではという予兆を感じた。

## 6.4.2　アジアの人々との交流を盛んにする

　観光は、産業規模が大きいだけでなく、他地域との交流を通じて、情報の交換や他国間との平和の推進に寄与することを忘れてはいけない。

　中国と韓国との政治的あつれきが生じても、両国民がそれほど感情に走らないのも、すでに多くの旅行者の往来があるからである。マレーシア、インドネシアからのムスリム旅行者に配慮したハラル認証の食事や礼拝スペースの確保なども、日本にとって新たな異文化体験である。

　以前、運輸省でテン・ミリオン計画を実施し、計画年度の5年を待たずに、海外旅行者は倍増して1,000万人を突破した。これには大蔵省をはじめ法務省、外務省その他関係省庁の協力があった。本事業を評価はするものの、目的が黒字減らしを要請する日本への米国からのジャパン・バッシングをかわすためにあった。海外へたくさんの日本人が出かけて消費をして、日本の黒字を少しでも減らすというので全省庁あげて協力したのであった。海外でたくさん金を消費してくることで評価された。しかしせめて、世界を知る、世界の人々と交流する、世界の平和に貢献するという、海外旅行の意義を前面に出して欲しかった。

　観光面から注目すべきは、約14億の人口を擁する中国で、日本への観光ビザが制限付きで解禁されたことである。一時、停滞をみせたアジア経済は完全に回復し、アメリカを除くと日本への旅行者のベスト10はすべて東北アジア、東南アジアの国々・地域からである。

　日本の将来の針路で大切なのは、アジアの人たちとの交流である。アングロ・サクソン民族を中心とする欧米諸国が、日本および日本人と対等に付き合おうとする姿勢はかなり無理であろう。その意味から、日本はアジアの人々に心から信頼される国にならないと、世界のなかで孤立するおそれがある。私たちがアジアの国々へ出かけ、アジアの国々を知り、アジアの人々と交流を盛んにすることがもっとも望まれる。同時に、アジアを含めて世界の人々が日本に訪れやすい環境づくりにも取組んでいく。さらにアジアの若い人たちを学術交流の一環として、日本の大学へ多数受け入れることも望みたい。

## 6.5 観光への意識改革

### 6.5.1 中央省庁・国会議員の観光への理解

　米国の議会では、米国の航空機産業が世界最大であるのは、米国と世界各国との観光往来が盛んであるからと、報告されている。今回の同時多発テロで、アメリカへの旅行者や国内の利用者が減ったために、ユナイデッド航空の経営危機やUSエアウェイズの倒産が不幸にもこのことを実証した。

　これまでみてきたように、日本の政府は、経済の立て直しの一手段として、現在観光に力を入れている。しかし景気がよくなれば、果たしてこのような観光重視の政策が継続するかは予断できない。アメリカの議会のように、観光に関して真剣な議論が展開されたことは記憶にない。前述したが、以前、現在もそうだが、観光や国際の名がつく事業はすべて旧運輸省という取り決めがあったので、観光関連の事業かどうかは中身をみないとわからない。そのために観光白書にみるように観光関連の事業が数多く並ぶ。この省庁の縦割りで自治体も対応するので、どこでも観光の総合政策が弱く現れてしまう。

　その意味で1987年に制定されたリゾート法は、関係省庁が一本化されて好ましい情況が生まれたが、責任者である国土庁の審議官が2年程度で交替してしまうことが、これまでみてきたようにリゾート法の問題は多々あるが、一つの問題として指摘されよう。

　ところで国会議員のなかで、観光に精通し、日本の観光について四六時中考えている人がどれほどいるだろうか。以前、観光議員連盟というのがあったが、現在は、国際観光産業振興議員連盟がある。ネットによる説明では、通称カジノ議連で、カジノ法案をつくって、日本にカジノを誘致しようという、社民党と共産党を除く超党派の国会議員で構成されている。当初はパチンコの換金合法化を目的に発足したという。こういう目的に集まった人たちが観光を真剣に考える観光議員とは言えないだろう。

　国際的にも国内的にも観光が重要であるという認識をもった議員で構成される観光政策議員連盟に脱皮できないだろうか。

　要は、官僚も議員も、米国の大統領のように、どんなに忙しくても、リゾ

ートで長期の休暇をとり、視察やゴルフなどもこれまでのような接待ではなく自分の金を使うことから、観光に対する意識を改革すべきだろう。休みをとらないのが自慢の官僚では困る。

### 6.5.2　自治体職員は専門家集団に

　沖縄県は以前から、他県においても、近年観光の重要性が理解されてきている。青森県は「文化観光立県」の宣言をして、それにふさわしくさまざまなビッグイベントを企画するとともに、外国人観光客誘致促進を目的に全県に適用する「あおもりウェルカムカード」の発行を全国で初めて実施した。青森県は、それに先立ち、1990年に全県の観光資源・施設、宿泊施設の調査をし、それぞれの評価、取組み課題を明らかにした。この種の大規模調査は、えてして一度やると終わり、ということになるが、青森県はさらに1997年にフォローアップ調査をして、その間に新設された施設や顕在化された資源について同様の調査をしつつ、前回の調査箇所については、その後の改善度を調査している。こうした継続調査を高く評価したい。2003年度からは県庁に文化観光部（現、観光国際戦略局）を創設した。

　しばしば公費で観光旅行をしたと、観光が問題の俎上に乗せられる。ある県知事が、奥さんを海外視察に連れていったことと、休日にナイアガラの滝の「観光」旅行に出かけたことが問題になった。ここには二つの問題がある。知事が夫妻同伴でいくのは世界的な常識である。知事の出張は夫婦同伴を原則に予算化しておけば問題がないことで、それをしていなかったから指摘された。もう一点、観光旅行でも、世界的な観光対象であるナイアガラの滝を見て、わか県の観光を考えてみたいということで、出張予定に組み込んでおけばよい話だが、本人が観光の意義と重要性を理解していないで、遊び半分の気分で行くから、問題になってあわてふためくことになる。またとない機会に世界有数の観光対象をみることは何よりも勉強になる。ただ一つの用事だけすませて帰るのではなく、高い旅費を払っているのだから、休日の利用だけでなく、1日延長してでも優れた観光対象を見てくるくらいの意欲がほしい。

　地方分権がいうほどには進んでいないが、分権云々がなくても自治体職員の専門性が問われている時代である。職員は、数年ごとに職場を異動して専門

性は必要ないというのがこれまでの通念であった。しかし山村地域でも村長以下みなが農林業の専門家である必要はないだろうし、市役所であれば、都市計画や交通政策の専門家が必要な時代であろう。町の主幹産業が観光産業で観光立町を宣言している役場であれば、観光の専門職員がいて、その職員は観光協会や旅館組合、あるいは議会から一目おかれるような人でありたい。近年、観光行政や観光協会に、旅行業など民間企業経験者を採用するのがふえているのは望ましいことである。

　首長も、県や国から仕事をとってくる力があり、地域にまんべんなく目を配るバラマキ行政的な政治家より、地域の課題を把握し、地域のグランドデザインが描ける地域政策者であることが望ましい。ボストン市の再開発は世界的に知られ、ウォーターフロント地区はいまではディズニーワールドに次ぐ集客をみせている。市長が立候補のときに再開発の宣言をして、当選後それを実行するために、全米のなかですでに再開発を成功させた経験者をボストンに招き、かれの考えにそって、財政の組み替えと組織の変更をして、事業を遂行した。このようなしっかりとした政策理念と実行力がなければ、都市を変革するような大事業はできない。

### 6.5.3　観光学体系の確立を

　観光学にも課題は山積している。観光学を研究する学者が少ないことが第一。そのために観光が事業として注目されてくると、他分野の専門家・コンサルタントが跋扈するのも、そのあらわれである。そもそも観光学という学問があるのか、ともいわれている。

　観光学の体系は、社会学部、経営・経済学部、工学系学部のどこかに置かれるかで、大学のカリキュラム体系は変わってくる。観光学の体系を探る上で、鈴木忠義(1987)の提示した観光学を形成する9項目(ア観光原論、イ観光理論、ウ観光開発、エ観光開発各論、オ観光対象と活動、カ観光手段施設、キ観光政策、ク観光経済、ケ観光経営) は検討に値する。

　観光学の教育プログラムは、観光原論、観光社会学、観光心理学という分野を学ぶ観光文化研究コース、観光経済効果や観光開発、観光計画を学ぶ、観光地計画コース、旅行業、交通業、宿泊業などの観光経営研究コースで構成される。

日本の大学における観光教育は、立教大学観光学科が1967年に、1974年に横浜商科大学貿易観光学科が設立されたのが皮切りではあった。その後しばらくのあいだ、新たな観光学科は設立されなかったが、1987年のリゾート法成立以後、14年間に15大学で設立されている。2003年の観光立国宣言以降さらにふえ、現在は40校に達しているだろう。立教大学では社会学部観光学科が観光学部になり、大学院も博士課程までが用意されている。長い目でみれば、若い研究者もふえているので、世の中の要請に応えられるだろう。本書は「観光学」と銘打っているが、上述の観光学体系のほんの一部を提示したにすぎない。日本観光研究学会が、遅々として進まずの感はあるが、観光学全集の刊行を目指している。大別して四つに分れている観光関連学会が連合学会のような形でまとまり、総力をあげて観光学体系の確立を目指してほしい。

注
1) 2000年第9回調査が最後となる。
2) これまでに運輸省が1979年、1990年と2度の試みを見せたが、2度とも業界の反対により潰されている。

**参考文献・引用文献**

鈴木忠義（1987）：「観光学」を求めて　観光研究　Vol.1　No.1／2　pp.2-5.
溝尾良隆（1995）：「観光産業」　pp.735-752　産業学会編『戦後日本産業史』東洋経済新報社　1255p.

# 索 引

## アルファベット

B&B 38, 44, 64, 126, 143
Bed & Breakfast 38, 44
Colton 3, 23
Congress 48
Convention 48
Event 48
Exhibition 48
Exposition 48
fremdenverkehr 2
Gunn 2, 3, 23
Incentive Market 47
JNTO 126, 131
LCC（Low Cost Carrier）118
Mathieson 3, 23
Meeting Business 47
MICE 47, 48
PDCA ii
PPT 138
recreation 1, 3
Rothman 3, 23
TDR 26, 44
tourism 1, 3
travellers 10
Tribe 3, 23
UNWTO 5, 10, 11, 138
visitor 10
Visitors' Industry 12
Wall 3, 23

## あ

青森県 95, 152
アジア 150
アスペン 114, 115
阿蘇山 134
当間高原 53
アルプバッハ村 69

## い

イギリス 11, 12, 53, 55, 56, 57, 58, 59, 64, 69, 71, 72, 74, 75, 76, 78, 79, 83, 84, 89, 92, 122, 126
伊佐庭翁 100, 101
出雲大社 110
1季型観光地 42
一村一品運動 139
井上万壽蔵 4, 23
インバウンド観光 123, 125, 129, 131, 140

## う

ウィーンの森地域 61, 64, 65
ウエルカムプラン 21 123
ウォーターフロント開発 74
牛一頭牧場主運動 18

## え

エアーズロック 21
易経 1, 7, 8, 12, 24
エコツーリズム 46, 128, 138, 140
エコツーリズム推進法 140
エコミュージアム 46

## お

大泉町 125
大阪市 74
オールド・サーラム 63
岡山市 89
沖縄県 53, 152
奥多摩地域 87
おくのほそ道 133
おごと温泉 98
帯広市 88
温泉 39, 92, 100, 106, 108
温泉地 37, 39, 92, 93, 94, 95, 96, 97, 98,

100, 106, 108
温泉治療 39, 41

## か

海外旅行 34, 38, 104, 118, 123, 124, 131, 135, 139, 140, 150
海外旅行倍増計画 131, 140
海水浴場地域 42, 54, 55
海浜リゾート 53, 54, 55, 119
家族旅行 94, 105, 124
カタルシス曲線 109
活動型観光 6
カナリー諸島 119
上高地 113, 143
神山町 86
川越市 31, 84, 89, 91
川場村 30, 72
岩塩観光 110
感興曲線 109, 112
観光 1, 2, 4, 5, 6, 7, 8, 9, 10, 12, 13, 151
観光案内所 133, 134
観光学 143, 144, 147, 153
観光学科 143, 144, 154
観光館 7
観光関連学科 i, 143
観光関連産業 25, 27
観光議員連盟 151
観光行政 140, 153
観光効果 29
観光交流拡大計画 140
観光コース 132, 134, 135
観光産業 11, 12, 25, 29, 30, 41, 73, 124, 138, 139, 145, 146, 151, 153, 154
観光産業化 30, 31
観光事業 4, 8, 17, 19
観光事業審議会 8, 128, 136, 139, 142
観光資源 14, 15, 16, 17, 18, 19, 20, 21,24, 107, 117, 135, 136, 140, 143
観光資源台帳 108, 143
観光資源の評価 19, 24
観光施設 17, 19, 20, 108
観光社 7, 153
観光振興行動計画 140
観光人材 143
観光政策審議会 3, 4, 21, 139, 141
観光対象 17, 19, 22, 40, 73, 109, 132,133, 143
観光地 13

観光地間ネットワーク 132
観光地のライフサイクル 49
観光庁 i, 25, 123, 140, 142, 143, 145
観光統計 142
観光農業 26
観光の波及効果 25, 33, 146
観光白書 141
観光マーケティング 1
観光丸 7, 24
観光立国推進基本法 i, 140
観光旅行 5, 8, 9, 10, 36, 39, 139, 141, 152
観光ルート 16, 132, 133, 134, 135
韓国観光公社 126, 131
鑑賞・体験型観光 6
観政審 3, 5, 6, 7, 9, 12, 14

## き

喜賓会 7

## く

空洞化問題 34, 56
郡上市郡上八幡 88
倉敷市児島 47
グリーン経済 138
グリーンツーリズム 42, 46, 50, 52, 53, 60, 61, 69, 70, 72, 73
グリュックスマン 2, 7, 23
クルーズ産業 43
黒川村 28
群馬県 22

## け

ゲストハウス 118, 125
限界集落 ii
健康保険制度 41

## こ

広域連携 132, 135
航空機産業 151
(公財)日本交通公社 5, 7, 9, 16, 19, 20, 136
高速交通体系 37, 38, 95, 105
高速道路 16, 37, 72, 78, 95, 116, 139
神戸 41, 73, 87, 88, 94, 133
交流 141

高齢者 ii, 39, 122, 127
国際観光局 2, 7, 8, 23
国際観光産業振興議員連盟 151
国際観光モデル地区 130, 136
国際労働機関 103
国内観光 34, 118
国立公園 3, 46, 54, 107, 113, 144
国連世界観光機関 5, 138
コッツウォルズ地域 61, 116
琴平 109
古都保存法 139
コンセッション方式 113
金刀比羅宮 109
コンベンション産業 47, 146

## さ

サービス産業 26, 27
サービス施設 17
サイトシーイング 4, 12
査証 127
サステイナブル・ツーリズム 86, 137
サスティナブル・ディベロップメント 137
札幌 41, 73, 94
鯖江市 18
サンアントニオ 115
産業遺産観光 47
産業観光 18, 20, 47
山村地域 37, 60, 72, 86, 145, 153

## し

シーガイヤ 52
ジーンズ産業 47
塩田正志 5, 24
資源の代替性 14, 15, 16
地場産業 18, 26, 30, 47
清水 18
社会効果 25, 28, 29
ジャパニーズイン 125
ジャパンレールパス 126
集客都市 74, 75
宿泊地 13, 16
宿泊旅行統計調査 142
シュバルツバルト地域 67
上毛かるた 22
白神山地 46, 108
新産業都市建設促進法 51
新全総 51

人文資源 14, 19, 20, 21, 40, 143
神門通り 110

## す

図 108
水仙の里公園 33
水仙の里づくり 32
スームビング号 7
末武直義 5, 24
スキー場 14, 16, 28, 37, 41, 54, 106, 108, 114, 130
スキー場地域 41, 54
スコットランド 118

## せ

正規分布 40
成熟期 35, 37
整備新幹線 38
ゼーバッハ村 67
世界遺産 46, 47, 108, 140
ゼロサム状況 36
全国旅行動態調査 10, 39, 49, 139
千寿ヶ原 114
仙仁温泉 96

## そ

総合保養地域整備法 50, 139
ソーシャルツーリズム 144

## た

ダークツーリズム 146
大都市近郊都市 84
高島市針江 88
岳温泉 97, 98
舘岩村 28
立山・黒部アルペンルート 114
田中喜一 4, 24

## ち

地 108
地球サミット 137
地方空港 37
長期休暇制度 25, 35, 49, 51, 55, 61, 103, 122
超高齢化社会 ii

## つ

ツーリスト 3, 4, 5, 10, 11
ツーリスト・トリップ 11
ツーリズム 1, 2, 7, 9, 11, 12, 13, 14, 46, 138
ツェルマット 95, 114
嬬恋村 18

## て

低価格航空会社 118
低価格指向 38
定期観光バス 133
ディスカバージャパン 94
テーマパーク 43
テーマパーク産業 43
テクノポリス 51
テンミリオン計画 131, 140

## と

ドイツ 2, 11, 39, 41, 53, 61, 67, 72, 87, 89, 92, 97, 103, 125, 127, 128, 130, 133
東京 115
東京コンベンション・ビジターズ　ビューロー 129
東京シティセールス 128
東京ディズニーリゾート 26, 44, 109
東京都 41, 73, 87, 128, 129, 136
道後温泉 100, 101
道後温泉本館 100, 101
東尋坊 110
ドゥラック洞窟 111, 136
東御市 53
道路整備緊急措置法 139
トーキイ 55, 56
都市観光地 41, 55, 73, 94, 146
都市の再生 74, 78, 145
トトロの森 127
トラベルサウス USA 135, 136
トラベル・ツーリズム 4
十和田湖 15, 110, 117

## な

ナイアガラの滝 111, 152
那智の滝 21
南郷村 90

## に

新治村 55, 102
二次産業 26, 30, 31, 34, 47, 85
日本観光協会 10, 130, 136
日本観光研究学会 154
日本観光地百選 8
日本新八景 8
日本政府観光局 126, 131
日本標準産業分類 25
日本ロマンチック街道 133
ニュージーランド 128

## ね

年金保養基地 139

## の

農家民宿 44, 61, 69, 70, 72
農山漁村余暇法 60
野母崎町 32
乗鞍岳 114

## は

パーク・アンド・ライド方式 89
ハウステンボス 44
泊食分離 38, 45
バス・パッケージ 120
八郎潟 15, 143
パック旅行 38
パッケージツアー 38, 118
ハノーファー 87
ハブ空港 126, 127
バリアフリー化 144
阪神淡路大震災 i

## ひ

東日本大震災 i
ビザ 124, 127, 150
ビジター 11, 48, 129
ビジット・ジャパン・キャンペーン 123, 140
日高市 84
非日常生活圏 9, 13, 14
日野市 89
貧困削減 139

## ふ

福岡 41, 73
富士山 54, 107, 117, 128, 143
部瀬名 53
ブライトン 55
ブラックプール 55
フランクフルト 84, 87
ふるさと創生 32, 37, 39, 93, 139
プレジャー 3, 4, 13, 59
プロプアー・ツーリズム 137
文化観光立県 152

## へ

ヘリテージツーリズム 47

## ほ

法師温泉 96
訪日旅行者 i
訪問者産業 12
ボートン・オン・ザ・ウォーター 63, 116
ボールマン 2, 7, 23
ボストン市 153
北海道ガーデン街道 133
ホテル学科 144
保養型観光 6
保養・休養 12, 13
ボランティア i
ボランティア・ツーリズム i, 146
ホリデイ 10, 11, 13, 59

## ま

前田勇 9, 24
真庭市 87
マヨルカ島 111, 136
マンチェスター 56, 60, 75, 89, 120, 122

## み

道の駅 87, 133, 134
土産品店 25
宮崎県 51, 97

## む

ムジェーブ 114

ムスリム旅行者 150

## め

明治神宮の森 88
メドサン 2, 7
メルヘン街道 133

## ゆ

誘致力 15, 54, 72, 135
誘導標識 132, 133, 134
ユニバーサル・スタジオ・ジャパン 43, 74
湯の平温泉 95
湯布院 18, 24
湯布院映画祭 18
由布院温泉 97

## よ

ヨーロッパアルプス 117
横浜 9, 41, 73, 75, 94, 154
ヨセミテ 3, 15, 109, 113

## ら

ライフサイクル 35, 36, 49
ラングドック・ルシオン地域 53

## り

リーケージ 30
リオ＋20 138
陸中海岸 112
リゾート 48
リゾート法 32, 50, 51, 60, 106, 107, 139, 151, 154
立教大学 102, 136, 154
旅館産業 44
旅行 2, 3, 4, 5, 6, 7, 8, 9, 10, 11, 12, 13, 34, 35, 36, 38, 39, 40, 103, 104, 105, 118, 119, 120, 121, 122, 123, 124, 132, 135, 136
旅行消費額 25
旅游 8

## れ

レクリエーション 1, 3, 4, 5, 6, 9, 10, 12,

13, 22, 37, 41, 42, 87, 94, 134, 143
レクリエーション資源 14, 22, 23
レクリエーション地 13
レクリエーション都市 139
レジャー 3, 4, 5, 13, 59, 106

## ろ

六次産業化 30
ロジャース 40
ロマンチック街道 133
論語 ii

著者紹介

溝尾 良隆　みぞお よしたか

　1941年東京都生まれ。東京教育大学理学部地学科地理学専攻卒業。理学博士。財団法人日本交通公社主席研究員、立教大学観光学部教授、観光学部長を務める。城西国際大学観光学部教授、帝京大学経済学部観光経営学科教授・地域経済学科教授を歴任。立教大学名誉教授。専門は観光学、地理学。

　著書に『観光事業と経営』（東洋経済新報社）『観光を読む—地域振興への提言』（古今書院）『観光学—基本と実践』（古今書院）『観光学と景観』（古今書院）『観光まちづくり　現場からの報告』（原書房）『ご当地ソング、風景百年史』（原書房）、共著に『地理学講座6 実践と応用』（古今書院）『現代日本の地域変化』（古今書院）『観光学の基礎』（原書房）『観光産業論』（原書房）『コンテンツツーリズム入門』（古今書院）

| | |
|---|---|
| 書　名 | 改訂新版　観光学　基本と実践 |
| コード | ISBN978-4-7722-3164-0　C3036 |
| 発行日 | 2015（平成27）年1月20日　初版第1刷発行 |
| | 2016（平成28）年2月20日　第2刷発行 |
| | 2021（令和3）年2月20日　第3刷発行 |
| | 2023（令和5）年2月20日　第4刷発行 |
| 著　者 | 溝尾良隆 |
| | Copyright ©2015 MIZOO Yoshitaka |
| 発行者 | 株式会社古今書院　橋本寿資 |
| 印刷所 | 三美印刷株式会社 |
| 製本所 | 三美印刷株式会社 |
| 発行所 | 古今書院 |
| | 〒113-0021　東京都文京区本駒込5-16-3 |
| 電　話 | 03-5834-2874 |
| ＦＡＸ | 03-5834-2875 |
| 振　替 | 00100-8-35340 |
| ホームページ | http://www.kokon.co.jp/ |

　　　　　検印省略・Printed in Japan

# いろんな本をご覧ください
## 古今書院のホームページ

http://www.kokon.co.jp/

★ 800点以上の**新刊・既刊書**の内容・目次を写真入りでくわしく紹介
★ 地球科学やGIS，教育など**ジャンル別**のおすすめ本をリストアップ
★ 月刊『**地理**』最新号・バックナンバーの特集概要と目次を掲載
★ 書名・著者・目次・内容紹介などあらゆる語句に対応した**検索機能**

## 古 今 書 院

〒113-0021　東京都文京区本駒込 5-16-3
TEL 03-5834-2874　FAX 03-5834-2875

☆メールでのご注文は　order@kokon.co.jp へ